单亲家庭正面教养法

孙旖旎 罗清军 ◎ 编著

中国纺织出版社有限公司

内　容　提　要

单亲家庭，已经成为现代社会家庭生活的一种常态模式。在单亲家庭中，孩子的教育成长成为单亲父母们面临的重大问题，很多单亲父母都不知道如何教育孩子。

本书以正面管教的教育思想为基础，从各个方面阐述了如何对单亲家庭的孩子进行正面管教。单亲父母如果能够真正参透正面管教的理念精髓，就能够给予孩子更多的引导和帮助，和孩子一起享受幸福的家庭生活，并且助力孩子健康成长。

图书在版编目（CIP）数据

单亲家庭正面教养法 / 孙旖旎，罗清军编著. ——北京：中国纺织出版社有限公司，2022.3
ISBN 978-7-5180-8721-1

Ⅰ. ①单⋯ Ⅱ. ①孙⋯ ②罗⋯ Ⅲ. ①单亲家庭—家庭教育 Ⅳ. ①G78

中国版本图书馆CIP数据核字（2021）第144732号

责任编辑：张　羽　　责任校对：高　涵　　责任印制：储志伟

中国纺织出版社有限公司出版发行
地址：北京市朝阳区百子湾东里A407号楼　邮政编码：100124
销售电话：010—67004422　传真：010—87155801
http://www.c-textilep.com
中国纺织出版社天猫旗舰店
官方微博http://weibo.com/2119887771
三河市延风印装有限公司印刷　各地新华书店经销
2022年3月第1版第1次印刷
开本：710×1000　1/16　印张：13
字数：121千字　定价：39.80元

凡购本书，如有缺页、倒页、脱页，由本社图书营销中心调换

前　言

夫妻在没有孩子的情况下选择离婚是对彼此的解脱，一旦有了孩子，不管怎样处理离婚的状况，对于孩子而言，都必然会受到深深的伤害，因为离婚意味着家庭的破裂。从此之后，孩子失去了完整幸福的家庭，他们有问题的时候只能向父母一方求助，而很难同时得到父母双方的爱。

虽然这是一本关于单亲家庭正面管教的书，但笔者依然呼吁每一位走入婚姻的爸爸妈妈一定要为了孩子好好爱惜家庭，就像爱自己的生命一样呵护和维系好自己的家庭。不要觉得家是没有生命的，家不仅有生命，而且有喜怒哀乐，家的生命更是关系到家庭每个家庭成员的幸福。家害怕疼痛，害怕死亡，想被幸福和甜蜜所包裹，所以那些即将让家庭走向破碎的人一定要慎之又慎，不要因为那些无关紧要的事情就撕裂了这个鲜活的生命，给孩子带来无法挽回的伤害。

单亲家庭的孩子就像是离开雁群飞行的大雁，他们的内心常常是孤独而荒凉的，尤其是在感到迷惘和困惑的时候，他们不能像正常家庭的孩子一样向父母求助，因而常常觉得无依无靠。他们的内心自卑，性格内向，觉得自己在同学或者是老师面前抬不起头来，这样的感受作为父母往往是无法体会到的。有些父母在离婚之后就迫不及待地开始了新恋情，他们认为孩子还小不懂事儿，即使父母离婚后再婚对孩子也不会有太大的影响，却不知这些都是对孩子的误解，孩子的心灵稚幼，非常容易受到伤害。

近年来，随着社会经济水平的提高，生活的节奏越来越快，人们承受的压力也日益增大，所以离婚率节节攀升，这也使得单亲家庭的教育问题得到了前所未有的重视。

通常情况下，夫妻之间会先发生争吵，吵着吵着，就把对彼此的爱与感情都吵没了，最终只能选择离婚。很少有夫妻从不争吵，突然就选择结束婚姻的。在争吵的过程中，孩子的身心都会受到严重的伤害，孩子也会感到极度不安。也有些父母很容易情绪化，他们会把对配偶的不满发泄到孩子身上，对孩子说出一些过激的话，导致孩子性格内向，行为畏缩，身心都受到严重的伤害。也有的父母为了争夺孩子的抚养权，不得不上法庭去打官司，还要让孩子在当众说出自己是跟随父亲还是母亲。俗话说，手心手背都是肉。对于孩子而言，他们不会去判断在这场离婚大战中爸爸妈妈谁占据上风，谁先犯了错误，他们只知道自己只要一做出选择，就会失去爸爸或者妈妈。爸爸妈妈都是孩子至亲至爱的人，这样的选择对孩子而言是一件多么残酷的事情啊！

当然，如果婚姻真的到了无法维持的地步，那么也没有必要为了孩子而勉强维持婚姻。因为，一个不和睦、不幸福的家庭对孩子而言是更大的伤害。如果孩子可以做出选择，他们不愿意在一个看似完整却充满了争吵和辱骂的家庭中生活，而更愿意在一个幸福和睦的单亲家庭中生活。所以父母面对婚姻的破裂时要做出理性的思考，进行全面的权衡，再做出一个更有利于孩子健康成长的选择。

当婚姻发生了巨大的变故，正常的双亲家庭变成了单亲家庭，父母和孩子都会面临很大的考验。这是因为原有的家庭生活模式改变了，生活的方式和已经形成的规律都会发生一定的改变。在这种情况下，作为孩子的监护人，应该尽量让孩子维持原有的生活作息，不要因为自己需要逃避情伤，就选择搬家，就盲目地给孩子转学。

越是在这种时候，孩子越是需要稳定的生活。孩子不会像成人那样心理成熟，更不能够在短时间内接受生活全面的改变。父母要尽量维持孩子的稳定生活，让孩子一切如常。为了避免孩子受到流言蜚语的伤害，父母还可以提前和老师进行沟通，让老师在学校里给予孩子更多的关注，帮助孩子尽快渡过从双亲家庭到单亲家庭的适应期。

作为单亲家庭的父母，在离婚之后心中未免会愤愤不平或者伤心难过，在这种情况下还要承担起照顾孩子的重任，那么切勿因此而把负面情绪发泄到孩子身上，更不要认为这一切都是孩子导致的。孩子永远都是无辜的，不管父母是结婚还是离婚，父母既然在没有征求过孩子意愿的情况下选择了生下孩子，就要承担起照顾孩子的责任。在单亲家庭生活中，只有父母保持健康的心态，孩子才能够得到良好的对待，如果父母心态浮躁，对孩子没有耐心，那么孩子就会受到更大的伤害。

不可否认的是，单亲父母不仅在经济上承担了巨大的压力，在家庭生活中也会感到分身乏术。即便如此，单亲父母依然要抽出很多时间陪伴孩子，帮助孩子抚平心理上的创伤。即使是没有抚养权的父母，也应该在尽量短的探望时间内，全身心投入到与孩子的相处中，给孩子留下愉快的回忆，这对孩子身心健康地成长是大有裨益的。

也许你已经步入单亲家庭生活很久了，也许你正在考虑是否要步入单亲家庭生活，不管最终你做出怎样的决定，我们都希望你与孩子能够依然快乐、热情地拥抱生命。

编著者

2021年3月

目　录

第01章　坦然面对单亲现实：为单亲养育做好准备　// 001

　　面对单亲现实　// 002

　　如何对待单亲家庭的孩子　// 006

　　注重单亲子女的个性发展　// 009

　　给孩子幸福和谐的家庭　// 012

第02章　给予孩子正确的引导：改变你对单亲养育的看法　// 015

　　教育观念要先行　// 016

　　单亲家庭教育的六大误区　// 020

　　关注单亲家庭子女的心理健康　// 023

　　培养单亲家庭子女健全的性格　// 027

　　消除单亲家庭子女的苦恼　// 031

第03章　正面引导和处理内在感受：接纳你和孩子的感受　// 035

　　接纳和认可孩子的感受　// 036

　　单亲妈妈也能收获快乐　// 040

　　单亲妈妈要做好自我调适　// 044

　　单身父亲要给孩子领路　// 048

　　孩子不喜欢当"第三者"　// 052

　　接纳和认可自己的感受　// 056

第04章　单亲家庭也有优势：经历过风雨就不再惧怕风雨　// 059

　　不经历风雨，怎能见彩虹　// 060

　　单亲家庭也能充满欢声笑语　// 063

　　单亲家庭子女也能出类拔萃　// 066

　　单亲家庭的孩子也能成才　// 069

第05章　兼顾生活和工作：单亲家庭养育孩子需要一些技巧　// 073

　　分清楚轻重缓急　// 074

　　你与孩子的排序　// 079

　　离开父母，孩子会如何　// 083

　　生活与工作的平衡　// 086

　　找到负责任的儿童看护机构　// 089

第06章　开启两个人的生活：处理好自己与孩子的关系　// 091

　　进入孩子的内心世界　// 092

　　如何应对混乱的局面　// 094

　　归属感很重要　// 097

　　与孩子之间建立信任　// 101

　　亲密，但不可过于亲密　// 104

第07章　单亲家庭也可以幸福：运用合作与鼓励的管教方法　// 107

　　鼓励孩子参与　// 108

　　家务活≠烦恼　// 111

　　面对不合作的孩子　// 114

　　教孩子——磨刀不误砍柴工　// 118

　　支持孩子发展个性　　// 121

　　善于发现孩子的闪光点　　// 124

第08章　悄然进入孩子的内心世界：正面管教的实际运用　　// 127

　　沟通是正面管教的前提　　// 128

　　改变，是创造亲密关系的第一步　　// 132

　　你了解自己的孩子吗　　// 136

　　了解行为背后的心理需求　　// 138

　　让孩子承担自然后果，让孩子理解逻辑后果　　// 142

第09章　非惩罚性管教：单亲父母的有效管教工具　　// 147

　　惩罚性管教不能培养孩子的自控力　　// 148

　　采取最优方案　　// 151

　　让孩子亲自参与　　// 154

　　坚定不移地去做，坚持到底　　// 157

　　积极有效地暂停　　// 160

第10章　拥抱新生活：帮助孩子融入新的生活圈　　// 163

　　孩子为什么这样做　　// 164

　　帮助孩子做出调整　　// 168

　　理解孩子　　// 171

　　孩子与你的新伴侣　　// 174

　　你不可能让所有人高兴　　// 177

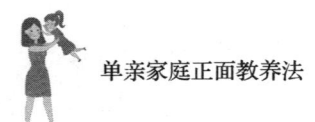

第11章　寻找新的美好：认可你的单亲家庭的价值　// 181

　　我们的家庭有何不同　// 182

　　新的传统和新的庆祝方式　// 186

　　生活需要仪式感，有些时刻很特别　// 189

　　确保孩子接收到了爱的信息　// 192

　　记忆是全家人的财富　// 195

参考文献　// 197

第01章 坦然面对单亲现实：为单亲养育做好准备

面对家庭的支离破碎，孩子往往很难接受这样的现状，甚至连父母都无法勇敢地面对这一切。在这样的情况下，一味地逃避当然不能解决问题，我们必须接受单亲的现实，才能坦然地面对单亲的现状。作为父母，尤其要接受现在所发生的一切，才能做好准备，以单亲养育好孩子。

单亲家庭正面教养法

面对单亲现实

　　随着恋爱和婚姻的自由，越来越多的人对于婚姻不再怀有负责的态度，也有一些人由于自身的欲望或者是某些其他的原因，而在婚姻中扮演了出轨者的角色，不但伤害了婚姻中的伴侣，也伤害了婚姻中的孩子。

　　在没有孩子之前，婚姻可以是两个人之间的事情，爱情也可以纯粹而又简单，但是一旦有了孩子，这一切都与孩子密切相关。有一些成人为了给孩子一个完整的家庭选择勉强维持婚姻的现状，也有一些成人比较有个性，更看重自己的感受，所以他们宁愿选择离婚，也不愿意委曲求全。现代社会离婚率节节攀升，这不仅是一种社会现象，也是席卷每个小家的一场风暴。

　　那么，什么是单亲家庭呢？所谓单亲家庭，就是因为父母离异，或者是父母之中有一个人离开了人世，或是父母长期分居，而只有父母之中的单方来负责抚养孩子的家庭。如果没有孩子，那么一个成年人只能算作单身，只有在有孩子的情况下，一个成年人单独抚养孩子，才叫单亲家庭。现代社会中，单亲家庭屡见不鲜。自从人类社会有了婚姻家庭这样的社会单元，单亲家庭就随之出现。也有一种情况是比较特殊的，那就是因为西方思潮的涌入，很多年轻人都坚持性解放的思想，导致了一些未婚妈妈的出现。她们未婚先育，生下孩子，独自抚养孩子，也属于单亲家庭的一种特殊形态。近年来，单亲家庭数量上升单亲家庭中孩子的教育问题日益凸显出来。

　　讲到这里，不得不说起人们对于单亲家庭中孩子的误解。大多数人都觉得，孩子如果在单亲家庭中成长，就会出现性格冷漠、自私叛逆等心理

情况，而且他们对人心怀戒备，不愿意相信别人，也不喜欢与人相处。有的孩子还会出现撒谎、偷窃等恶劣行为，这些都是对于单亲家庭孩子的误解。不可否认，在单亲家庭中，单亲父母单独负责抚养孩子的任务一定更加艰巨，但是这并不意味着孩子失去了父母的爱。

即使是在单亲家庭中，孩子与父母之中的一方生活为主，他们也依然可以得到父母的爱，所以父母不管是因为什么选择离婚，都不应该让孩子得到的爱支离破碎。父母固然可以选择分开生活，但是却依然要对共同的孩子负起责任，要照顾到孩子的身心发展，要照顾好孩子的衣食住行，这样孩子才能健康快乐地成长。

有一些人在离婚之后会感到非常颓废沮丧，尤其是一些女性，在婚姻破裂之后往往会陷入悲观的状态之中，这些都会对孩子造成不良影响。还有一些在婚姻中受到伤害的人，会当着孩子的面恶意诋毁另一方，辱骂另一方，这都会让孩子感到特别痛苦。要知道，不管一个人对于婚姻是否负起了责任，在孩子心目中，亲生的爸爸或者妈妈都是不可替代的。

大文豪雨果曾经说过，人生是花，爱是花的蜜。《神曲》的作者但丁也曾经说过，母亲的呼唤是世界上最动听的声音。对于每一个父母来说，孩子都是非常重要的。父母拥有了孩子，人生才会更完整，而孩子拥有了父母，才能获得幸福。父母要一起为孩子创造良好的生活条件，也要一起引导孩子健康成长。

家庭一旦解体，经济上就会面临很大的变动。虽然离开家的父母会给孩子支付抚养费，但是支付数额的多少，能否按时足量地支付，这些都会影响孩子生活的质量。作为没有获得孩子抚养权的一方，一定要主动地为孩子支付生活和教育所需的费用，这样才能尽量减少婚姻破裂带给孩子的伤害和负面影响。

在离婚的时候，父母双方固然都想得到孩子的抚养权，却要考虑到自身的实际情况，要以为孩子好为出发点。有些父母本身没有工作的能力，不能养活自己，却坚持要抚养孩子，这对孩子而言是不负责的。换一个角度来看，如果父母的经济条件都非常好，那么则要更多地尊重孩子的意愿，毕竟对于孩子来说，父母的婚姻破裂已经给他们带来了很大的不幸，如果强求他们离开自己最爱的爸爸或者是妈妈，更是会撕裂他们的内心。

与此恰恰相反的是，有一些父母在离婚的时候都不想要孩子。他们认为孩子是累赘，也觉得孩子会拖累他们再次组建家庭，即使法院强制把孩子判给其中的某一方，他们也会把孩子扔给老人抚养，很长时间都不去探望孩子，甚至不给孩子抚养费，使孩子在艰难的生活处境之中生长，使孩子的内心发生扭曲。

不可否认的是，对于孩子而言，健全幸福的家庭是他们最大的幸运，也是他们最想要得到的。一旦家庭破碎瓦解成为不可改变的事实，不管是孩子和父母，都应该面对单亲的现实，要做到不抱怨，勇敢面对，不抛弃，一起承担，这样才能让家更加稳固。

毫无疑问的是，当家庭瓦解的时候，很多流言蜚语满天飞，父母不但要承担别人在身后指指点点，孩子也要承担别人的议论纷纷，有的孩子在学校里还会受到同学的嘲笑和讽刺。为此，父母要多多关注孩子的心理状态，帮助孩子渡过这个艰难的时期。一件事情不管在当时引起多么大的轰动，时间都是最好的良药。随着时间的流逝，这件事情会渐渐地隐没，所以父母要让孩子知道，即使家庭瓦解了，父母离婚了，也不应该被他人嘲笑，引导孩子学会面对他人的非议。

如今，社会上有越来越多的人针对单亲家庭的孩子展开研究，也为单亲家庭的教育指出了一些问题和不足。不管采取怎样的教育观点，坚持怎样的教育原则，父母都是教育孩子的实施者，所以一定要端正心态，要始终深爱孩子，也要保护好孩子的身心不受伤害。

父母要始终牢记一点：不管生活如何对待我们，孩子总是无辜的。每一个父母都有责任和义务承担起照顾孩子的重任，只有把孩子照顾好，父母才能真正地获得幸福。

单亲家庭正面教养法

如何对待单亲家庭的孩子

如果说所有单亲家庭的子女都是敏感自卑多疑的，这当然是很偏颇的。然而，在单亲家庭中长大的孩子，在身心发展方面出现或大或小的问题，这是难以避免的。在整个社会生活中，家庭是最小的单元，每一个家庭的生活能否稳定幸福，关系到整个社会的和谐发展，我们应该学会正确对待单亲家庭的孩子，要给予单亲家庭的孩子更多的关爱和帮助，要为他们营造健康积极、努力向上的成长环境，这样才能让孩子健康快乐地成长，也才能体现高度的社会文明。

俗话说，唾沫星子淹死人。当一个家庭的婚姻关系破裂成为单亲家庭，作为单亲家庭中的成员而言，不管是爸爸，妈妈，还是孩子，都将会承受很大的压力。这种压力来自他人异样的眼光和流言蜚语。

很多夫妻在离婚的时候原本以为会受到亲人的阻碍，承受孩子的哭闹，但是他们却没有想到社会上的障碍和压力让他们更加举步维艰。所谓社会障碍，就包括学校教育和舆论。在学校教育和舆论的这一方面，压力主要有两个来源地。压力的第一个来源是，大多数人都认为单亲家庭的孩子会比较自卑内向，很难像正常的孩子那样无忧无虑。压力的第二个来源是，很多人认为单亲家庭的孩子很容易成为问题学生，这是因为家庭的破碎会使他们人格残缺。不得不说，这些都是对单亲家庭的孩子很大的误解，也会给孩子带来沉重的心理负担。

很多人都坚信不疑，一旦离婚，家就破碎了，孩子所得到的爱也就破裂了。有些孩子还会因为被父母争来抢去而不得不到法庭上表明自己的心意，也有些孩子会被自私的父母抛弃，因为他们都不想背上孩子这个沉重

的累赘。在这些极端的情况下，孩子的心理的确会受到很大的负面影响。但是如果父母在婚姻破裂的时候能够好合好散，能够和平友好地分手，那么孩子受到的影响就会减轻。如果父母能够告诉孩子，他们会一如既往地爱孩子，虽然家有了一定的变化，但是他们作为父母对孩子的爱从来不会改变，那么相信孩子会获得更大的安全感。

对待单亲家庭的孩子要分为两个方面，一个是在家庭内部，父母如何与孩子相处；另外一个是在家庭外部，其他人如何对待孩子。从家庭内部的角度来说，作为承担起照顾孩子重任的监护人，在抚养孩子的过程中因为缺少了伴侣的支持和帮助，所以难免会面对很多困难，也会承受更大的压力。有些人因为身心俱疲，就会把不满的情绪发泄到孩子身上，让孩子觉得自己是导致错误的根源，这样的想法会让孩子感到内心沉重，不知道如何面对自己。

作为孩子的监护人，无论承担怎样的生活重负，都不要认为是孩子导致这种情况的发生。相反，孩子小小年纪就要面对家庭的变故，监护人应该更用心地疼爱孩子，让孩子感受到安全，这样才有利于孩子的身心健康。作为不承担孩子监护责任的父母，则要更加地爱孩子，也要抽出时间多多陪伴孩子，这样孩子就会意识到爸爸妈妈只是因为个人的原因而分开，生活对他来说并没有太大的改变，从而使内心的焦虑得到缓解。

从家庭外部来说，面对单亲家庭的孩子不要戴有色眼镜。很多人一提到单亲家庭的孩子，就认为是问题孩子，实际上这是完全错误的。虽然有些单亲家庭的孩子会有这样或那样的问题，但是大多数单亲家庭孩子还是能够健康快乐成长的。反过来说，很多双亲家庭中的孩子也会有各种各样的心理问题或者是情绪问题。由此可见。家庭的变化并不一定会导致孩子的心态发生变化或者是扭曲，只要孩子依然感受到父母的爱，得到父母无微不至的照顾，孩子就会表现得更好。

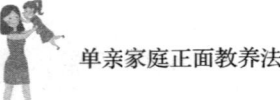

　　当夫妻之间因为各种原因选择分道扬镳的时候，最好不要闹得沸沸扬扬，或者是闹得鸡飞狗跳。和平分手不但能够维护自己和对方的颜面，最重要的是能够安抚孩子的心切勿把自身的负面情绪转移到孩子身上。看到爸爸妈妈分开了依然是家人，孩子在成长过程中遇到各种问题的时候，才会与爸爸妈妈商量，从而让问题得到更好的解决。

注重单亲子女的个性发展

　　社会在发展，时代在进步，越来越多的单亲家庭随之出现。在单亲家庭中，孩子的教育问题日益凸显出来，为了社会持续地发展和进步，家庭作为社会的最小单位，就要承担起教育好孩子的责任，关注孩子的个性发展。对于单亲家庭而言，对孩子的教育问题已经不仅仅是家庭内部的问题，而是关系到社会稳定团结的问题。只有每个家庭都幸福和谐，社会才会更加稳定。否则，如果每个家庭都风雨飘摇，随时有可能分崩离析，那么社会又如何能够安定团结呢？

　　在单亲家庭中，孩子的年龄参差不齐，有的孩子年纪比较小，对于父母离异并不会过多的关注。也许，他们的注意力很快就会被转移到其他事情上。有些孩子已经长大了，进入了少年时期，对于很多事情都有自己的思考，也正在形成自己的个性与品格。对于这样的孩子，父母则要特别关注。当然，如果孩子已经成年了，那么父母离异就显得更加简单。孩子有自己的生活，所以父母不用担心离异会给孩子带来很大的影响，只要能够彼此协商好，就可以做到友好分开。由此可见，最重要的是那些孩子处于青少期的家庭。家有青少年，父母在面对婚姻破裂的时候一定要非常慎重，也要尽量做到和平分手，这样才能减少对孩子的负面影响。

　　不可否认的是，很多夫妻在失去配偶之后，作为孩子的监护人会承担起更多的家务劳动，原本有人分担的心理压力现在也只能独自承担。又因为离异，他们的心理压力会更大，这使得他们的生活发生了巨大的变化。如果不是因为离婚而变成单亲，而是因为丧偶才变成单亲，那么，剩下的那一个人就会对去世的人非常思念，甚至因此而出现一些心理问题。这样

一来,他们就无暇顾及年幼的孩子,也常常会因为万念俱灰而给孩子带来很多负面影响。

作为父母,不管何时都不应该完全沉浸在自己的世界里,而是应该更多地关注孩子。孩子对于很多事情的心理承受能力是相对比较弱的,父母要呵护孩子,关注孩子,才会知道孩子面临怎样的心理和情绪问题。

父母不管是因为感情不和、性格不合而离婚,还是因为对方发生了意外变成了单亲,都不应该因此而忽视了孩子。成人失去了挚爱的伴侣都难以承受,孩子失去了挚爱的亲人则是更难以承受的。对于孩子而言,失去了一位亲人意味着他们获得的保护力量减弱了,得到的爱减少了。又因为在生活中总有一些人怀着恶意或者居心叵测,常常会歧视或者是欺负他们,他们生存得更加艰难。如果孩子长期被他人欺辱,渐渐地就会变得越来越自卑,甚至会逆来顺受。即使磕磕绊绊地长大,他们也会养成畏缩胆怯的性格特点,在遇到事情的时候只想着退却,而不知道应该如何处理。他们会优柔寡断,会缺乏自信,会怀疑自己。

看到这里,相信有很多父母都会特别担心:难道离婚之后,孩子就一定会有这样的变化吗?当然不是。孩子之所以出现这样的变化,不是因为他们变成了单亲家庭的子女,而是因为他们没有得到应有的关爱。在冷冷清清的家庭环境中,孩子即使想交流也无人倾诉,即使想和人亲近也得不到回应,他们就会越来越被动,感情也会变得冷漠起来。如果在外面社会中受到他人的嘲笑、讽刺或者是很多负面的评价,他们就会急于找到情绪的宣泄口,又苦于不能如愿,因而内心感到万分紧张焦虑。

现实中,很多单亲家庭的孩子都是积极乐观的,性格活泼开朗,这与父母对他们的教育密不可分。儿童时期正是形成个性品质的重要时期,对于单亲家庭的孩子,不管是承担监护责任的父母,还是身边的亲人、朋友或者是同学等,都应该接纳他们,也要更多地关心他们。在成长的过程

中,如果他们犯了一些错误,切勿给他们贴上单亲家庭子女的标签,而是要把他们当成正常的孩子对待,为他们指出错误,也要促使他们改正错误。

对于单亲家庭的孩子来说,在家庭刚刚破碎的时候,他们会非常恐惧,也希望自己的满腹心事可以找到人倾诉。在这种情况下,老师和同学可以多多关注他们,让他们获得安全感。随着时间的流逝,家庭的创伤渐渐平复,他们就需要别人正常对待他们。由此可见,怀着平常心对待单亲家庭的子女,对于他们的个性发展是非常有好处的。

当然,为了让单亲家庭的孩子养成良好的个性,我们还要培养孩子的兴趣爱好。正如人们常说的,兴趣是最好的老师。如果孩子没有感兴趣的事情,也不知道自己喜欢做什么,那么他们就会长时间地沉浸在负面情绪之中无法自拔。如果能够培养孩子形成有益的兴趣爱好,那么孩子在精神无所寄托的时候就可以做自己喜欢的事情,由此得到成长,这对孩子而言当然是更好的。

总而言之,单亲家庭孩子的教育离不开父母的努力,也离不开社会的关注,更离不开充满温暖和爱的大环境。父母、老师和社会之间应该三位一体,给孩子提供更好的成长环境,这样才能让孩子的个性健康发展,才能让孩子学有所成,将来成为对社会有用的人。

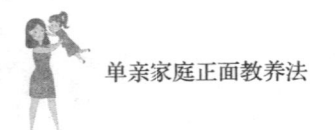
单亲家庭正面教养法

给孩子幸福和谐的家庭

每个父母都渴望与孩子之间建立和谐融洽的亲子关系,那么首先要为孩子营造良好的家庭氛围。只有让孩子拥有幸福和谐的家庭,孩子才会愿意和父母亲近,父母的家庭教育也才能得以更好地实施。

现代社会中,很多孩子虽然出生在健康的家庭里,得到了父母的爱,但是他们却有各种各样的心理问题。青少年自杀的事件时有发生,这是让每一个为人父母者看到之后都深感遗憾和痛心的。为了让孩子拥有健康的心理,父母要为孩子打造一个幸福和谐的家庭,要为孩子提供良好的生长环境。每个父母都望子成龙,望女成凤,都希望对孩子进行最好的教育。其实,真正的教育是爱的教育。每一个父母天生就会爱孩子,但是每个父母未必能够给孩子最好的爱。尤其是在那些夫妻关系破裂的家庭之中,父母往往已经选择分开生活,要想为孩子打造幸福和谐的家,就更需要非常用心。

婚姻关系的破裂并不意味着家庭的分崩离析,即使家里只有妈妈和孩子,或者只有爸爸和孩子,也依然可以称之为家。尤其是当这个家里充满了爱与自由,充满了理解与尊重,充满了民主与平等,孩子的成长就会更快乐。

很多父母觉得孩子是因为自己才来到这个世界上,而且自己从孩子呱呱坠地开始,就付出所有来照顾孩子,抚育孩子成长,因而不知不觉间就会与孩子失去边界,认为自己可以对孩子起到主宰的作用。实际上,孩子尽管因着父母降临人世,却并不是父母的附属品,也不是父母的私有物。在家庭中父母应该做到尊重和平等对待孩子,把孩子看成独立的生命个体看待,才能够让孩子感受到家的温馨与美好。

有一些父母在与孩子相处的时候并没有真正意识到孩子只是孩子，他们不了解孩子的身心发展阶段，也不知道孩子的思维习惯特点，他们情不自禁地把孩子看成了一个缩小版的成人。他们希望孩子有自己的兴趣爱好，希望孩子能够做到自我管理和自我控制，希望孩子能够在每个方面都做得很好，殊不知这样的希望是很难实现的。这是因为孩子虽然有一定的能力，但是他们还正处于成长的过程中，不可能在一夜之间就达到父母的期望。

父母要想给孩子幸福和谐的家庭，要想与孩子友好相处，就要从四个方面来做得更好。

首先，要创设良好的家庭教育环境。在一个家庭之中，不管每个人扮演着怎样的角色，都应该以尊重、理解、信任与关心为基础。毫无疑问，在孩子小时候，父母在家庭生活中占据主导地位，肩负着营造幸福家庭的重要责任。现实生活中，有一些父母因为生活压力大，工作的节奏紧张，难免会急功近利，又因为担心孩子将来不能很好地生活，因而每天都在唠叨着孩子一定要好好学习，这样会让孩子心生厌烦。父母与其对孩子这样反复叮咛，不如以身教的方式对孩子开展教育，即自己先努力进取，给孩子树立好的榜样，最终成功地教育孩子。

其次，要找到正确的方式与孩子沟通。很多父母都不知道如何与孩子沟通，他们对孩子说话总是居高临下，对孩子发号施令。实际上，随着不断成长，孩子越来越反感父母对他们下达命令，他们渴望与父母之间建立平等、民主的关系，渴望父母能够发自内心地尊重他们，在很多的时候采纳他们正确的建议。所以父母不要再以命令的方式与孩子沟通，而是应该以建议的方式引导孩子自己做出选择。

再次，要做学习型父母。有多少父母在走出大学校园之后就渐渐地忘了书本为何物，他们工作的目的是赚钱，他们对于职业并没有明确的规

划,在教养孩子的时候完全凭着本能,更不知道人是要终身学习的。或者他们即使知道现代社会要求每个人都保持学习力,才能实现可持续性发展,但是他们却对此不以为然,也不能够做到。那么,当孩子在坚持学习,坚持成长和进步,父母却始终在原地踏步,总有一天,父母会被孩子远远地甩下。由此不难得知,幸福和谐的家庭还需要父母坚持学习,坚持进取,才能与孩子齐头并进。

最后,要让孩子成为家庭的小主人。很多父母在家里都会搞一言堂,尤其是在婚姻破裂之后,他们各有各的生活,每次见面或者是联系都是因为孩子的问题。往往是父母在一起三言两语就决定了孩子的很多事情,而并不会去征求孩子的意见。孩子小时候也许会对父母言听计从,但是随着不断成长,他们更希望自己能够独立做主。对于已经离异的父母而言,更是要注重培养孩子的独立性,要给予孩子机会去权衡利弊,做出明智的选择。即使是在健全的家庭中,父母也不可能始终陪在孩子身边,陪着孩子走过一生。与其对孩子亦步亦趋,全面周到、无微不至地保护孩子,还不如给孩子机会,让孩子自己去成长,去尝试。即使失败也没关系,因为孩子恰恰可以在此过程中获得人生的经验,丰富人生的阅历。

总而言之,幸福和谐的家庭可不是那么容易打造的,需要父母与孩子更好地相处。尤其是对于单亲家庭来说,父母更是要注重孩子的心理建设,让孩子像正常家庭中的孩子一样健康快乐地成长,既不要让孩子产生负罪感,也不要对孩子有亏欠心理。孩子既然来到这个世界上,他们就理所当然地要接受很多磨难,父母婚姻的破裂,对孩子而言,也许正是一种磨难和考验,也许是孩子生命中必然要承受的挫折,会让他们的内心变得更强大。这些坎坷挫折,是孩子人生中无法逾越的打击,还是孩子人生中不可缺少的历练,关键在于父母如何去引导孩子。父母一定要慎重地对待孩子,才能让很多成长的不利因素转化为有利因素,让孩子的内心更加强大。

第02章 给予孩子正确的引导：改变你对单亲养育的看法

　　婚姻可能因为各种原因出现裂痕，但是对于孩子的爱与教育却不能因为婚姻的解体而出现裂缝。做负责任的父母，不管在任何情况下都应该给予孩子好的教育，都应该对孩子的养育负起责任。所以不管是不是单亲家庭，父母都要给予孩子正确的引导，尤其是在单亲家庭中，父母更是要给予孩子健康健全的爱，这样才能改变很多人对单亲养育的错误看法，也能让孩子拥有更美好的未来。

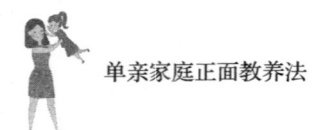
单亲家庭正面教养法

教育观念要先行

还记得《南辕北辙》的故事吗？在这个故事中，一个人背离自己的目的地，选择了与目的地所在的方向相反的方向，虽然他有最精壮的马匹、经验丰富的车夫，也准备了充足的盘缠，但是他注定会离目的地越来越远。在家庭教育中，父母要想把孩子教育好，教育观念要先行。只有树立正确的教育观念，坚持正确的教育方向，父母才能给孩子良好的教育，也才能让孩子发展得更好。

有太多的父母都把孩子当成自己的附属品或者私有物，他们对孩子居高临下地下达命令，很少给孩子机会想做的事情，在毫不自知的情况下就剥夺了孩子的权利，不把孩子看成独立的生命个体，却在孩子长大之后缺乏个性的情况下，又对孩子百般指责和挑剔。不得不说，这对孩子是极不公平的。大文豪鲁迅先生曾经说过，只有从小就把人当人，长大了之后，人才能成人。对于孩子而言，他们尽管小，却是独立的生命个体，他们有头脑，有思想，他们有灵活的四肢，他们成长的目的就是成为一个独立的人，能够独立地面对人生。从这个意义上来说，父母更是要坚持正确的教育观念，坚持对孩子进行正面管教。

父母要尊重孩子的思想和个性，尊重孩子的人格，也要给予孩子相应的权利。在家庭生活中，父母要为孩子营造民主和谐的家庭气氛，让孩子在爱与自由中健康快乐地成长。当孩子有需求的时候，父母要关注孩子的需求，及时满足孩子的合理需求。当孩子对某些事情表现出特殊的兴趣时，父母要给予孩子一些支持和帮助，让孩子能够发展兴趣爱好。尤其是在家庭教育中，父母更要看重与孩子的沟通与交流，一切的家庭教育都要

第02章 给予孩子正确的引导：改变你对单亲养育的看法

以亲子沟通作为基础。沟通是心与心之间的桥梁，如果没有沟通这座桥梁，父母即使有再好的教育思想和教育理念，也无法实施。

在现实生活中，大多数父母都非常看重给予孩子提供物质上的满足，例如，照顾孩子的吃喝拉撒、衣食住行，孩子有任何的需求，他们都会在第一时间满足孩子的需求。在不知不觉间，父母却忽略了孩子的心理健康成长所需要汲取的养分，也忽略了孩子的精神成长需要的助力和支持。在家庭教育中，父母有义务坚持以科学的方式教养孩子，也要以和睦民主的教育态度对待孩子，这样才能发掘出孩子的潜能，促使孩子全面发展，健康成长。

在健全的家庭中，父母之间也往往会因为孩子的教育问题而发生分歧，那么在父母离婚之后，他们在教育孩子方面就更是会出现很大的差异。在这种情况下，父母应该进行充分的沟通，达成共识，而不要因为带有个人的情绪或者是其他方面的原因，就对孩子进行截然不同的教育，这样会让孩子的个性发展出现严重的问题。总的来说，父母对孩子的期望要以孩子的身心发展特点为出发点，要能够把长期目标与短期目标相结合，这样孩子既有短期目标，也在长期内有明确的方向。父母要统一战线对孩子进行一致的教育，孩子才不会感到迷惘和困惑。

首先，父母可以根据孩子的身心发展特点和脾气秉性等开展家庭教育。每个孩子都是与众不同的生命个体，他们都是不可替代的。父母要想引导孩子成长，就要尊重孩子的个性，也要给予孩子更多的自由空间。否则，如果父母总是强求孩子必须按照自己的想法去做一些事情，那么孩子就会渐渐地失去个性，对父母唯唯诺诺，这当然也是父母不想看到的。

在单亲家庭里，父母要针对孩子的特点进行教育，就要先端正自己的教育态度，树立科学的教育观，这样才能够采取正确的教育方法来对待孩子。不可否认的是，孩子在面对父母婚姻解体的时候一定会感到非常的恐

惧，甚至是不安。在此阶段，父母要极力安抚孩子，让孩子知道他们依然拥有父母的爱。等到孩子度过了这个时期，父母要观察孩子的行为表现，从而有的放矢地对孩子加以引导和帮助。

一些父母会向孩子隐瞒自己离婚的事实，在孩子面前假装彼此关系还是非常好的，实际上，很多事情瞒得了一时，却瞒不了永远。父母与其让孩子在猜测中忐忑不安，不如告诉孩子父母已经离婚的事实，并且帮助孩子去接受这个事实。最重要的是要让孩子知道，不管发生什么事情，爸爸妈妈都会永远爱他，这样孩子才能获得安全感。

有些父母在离婚之后，作为孩子的监护人，会无怨无悔地为孩子付出一切，其实这会让孩子感到不堪重负。不管是在健全的家庭中，还是在单亲家庭中，父母与孩子都应该是独立的个体。父母要有父母的生活和追求，孩子要有孩子的学习和理想，这样父母与孩子才能既互相支持，互相帮助，又互不影响，各自都做好自己的事情。如果父母总是把所有的希望都寄托在孩子身上，那么无形中就会对孩子提出苛刻的要求，让孩子感到身心俱疲。

此外，父母也不要对孩子心怀愧疚。有一些父母在离婚之后总觉得对不起孩子，认为孩子失去了很多爱，所以他们就想方设法地弥补孩子。父母的娇纵宠溺是对孩子最大的害，父母如果不能做到以平常心面对孩子，那么孩子就会看出父母的心，有一些孩子还会利用父母的这种补偿心态提出一些不合理的要求。尽管每个孩子都不愿意父母离婚，但是每个人都要面对不可避免的现实，孩子也是如此。父母尽管因为离婚给孩子带来了伤害，但是对孩子而言，承受这样的伤害，在磨砺中成长，也正是他们所不可避免的人生阶段。

其次，要采取有效的教育方法，对孩子加以引导和教育。太多的父母都认为教育孩子是一件简单的事情，只要告诉孩子应该做哪些事情、不能

做哪些事情、哪些事情是对的、哪些事情是错的，孩子就应该理解父母的苦心，也达到父母的要求。其实这是根本不可能的。别说孩子，就算是成人在面对工作的时候也不可能一步到位，做得让领导特别满意，所以父母要理解孩子，知道孩子能力有限，也知道孩子的自控力是有限的，因而给予孩子宽容和理解，让孩子努力争取做得更好。

如果一直和孩子讲道理都没有效果，那么，父母还可以尝试着以讲故事的方式告诉孩子一些道理，或者列举生活中的事情，让孩子知道应该如何处理和对待很多事情。当然，没有规矩不成方圆。不管是在家庭生活中，还是在社会生活中，都要树立规则，才能保持正常的运转。作为父母，当然也可以采取奖励和惩罚的方法强化孩子做得好的行为，避免孩子做得不好的行为，这样孩子才会有更好的行为表现。

作为成人，要想确定自己走怎样的人生之路，首先要明确人生的目标和方向；作为父母，要想知道如何教育好孩子，就要先确立教育观念，掌握教育方法，才能让教育事半功倍。在这个世界上，当父母从来不是一件简单容易的事情，很多工作都有岗前培训，但是当父母却没有岗前培训。所以父母要与孩子一起成长，即使做得不好也没有关系，只要父母坚持自我反省，只要父母时时更新自己的教育观念，只要父母虚心地学习新的教育方法，那么父母就一定会成为合格且优秀的父母。

 单亲家庭正面教养法

单亲家庭教育的六大误区

  家庭教育对于孩子一生的影响都是至关重要和深远的。从古至今，很多伟大的人物之所以做出了了不起的成就，留名青史，与他们接受了良好的家庭教育密切相关。例如，古时候有《孟母三迁》。孟母为了教育孟子，让孟子成才，先是从坟地搬到集市，又从集市搬到学校附近，最终才寻找到了适合孟子生活和学习的地方。

  对于家庭教育，古今中外无数的教育家都给予了至高的重视。苏联教育家马卡连柯曾经说过，家庭是至关重要的地方，每个人正是在家庭之中初次迈向社会生活。由此可见，父母给予孩子怎样的家庭教育，往往关系到孩子能否成才，也关系到孩子拥有怎样的未来。

  在健全的家庭中，父母教育孩子尚且任重道远，需要鼎力合作，密切配合，那么在单亲家庭教育中，单亲爸爸或者单亲妈妈很容易就会走入教育的误区，给孩子以错误的引导，也有可能会耽误孩子健康成长。所以我们一定要避开这些误区，才能让单亲家庭教育开展得更好，也才能本着对孩子的未来和人生负责的态度，给予孩子更多的爱与关注。

  第一个误区，离婚之后当着孩子的面诋毁对方。很多夫妻在离异之后，作为孩子监护人的一方不愿意让对方来看望孩子，甚至带着孩子躲到对方找不到的地方，却不知道这样会让孩子陷入对爸爸或者妈妈的思念之中。在日常生活中，也有一些人会当着孩子的面诋毁对方，贬低对方，恨不得让孩子和自己一样怨恨对方。其实不管是爸爸还是妈妈，都是孩子至亲至爱的人，孩子如果很爱自己的爸爸或者妈妈，那么听到这样的话一定会感到非常难过。孩子如果和自己的监护人一样怨恨爸爸或者妈妈，那么

他们的心理就会扭曲,性格发育也会不完善。

第二个误区,过度溺爱,凡事包办。在单亲家庭生活中,很多爸爸妈妈认为自己为了离婚伤害了孩子,所以对孩子心怀愧疚,在离婚大战落下帷幕之后,他们就会在孩子身上投入自己所有的爱。他们只想宠爱孩子,而不想教育孩子,不管有什么事情,他们都会代替孩子去做,却不知道在这样的溺爱和包办之中,孩子会缺乏责任心,也会对父母缺乏感恩之心。

第三个误区是隔代养育。很多夫妻在离婚之后,因为忙于工作或者是迫于生计,不能亲自抚养孩子,会把孩子送到老人那里,由老人代为抚养,却不知道对于孩子而言,父母的陪伴是最重要的。很多孩子因为受到老人的隔代疼爱,所以会变得骄纵无度,那么父母不管再怎么辛苦,也应该把孩子带在自己的身边,这样至少可以陪伴孩子一起成长,在孩子出现行为偏差的时候,也能够及时地纠正孩子的不良行为。

第四个误区是过多的情感暗示。在单亲家庭之中。每当孩子在成长过程中出现一些问题的时候,父母就会在不知不觉间把这些问题归咎于家庭的残缺,这样就会给孩子消极的心理暗示,使孩子认为自己的家庭是不正常的,也让孩子认为自己是不正常的。还有一些人会当着孩子的面感慨孩子没有爸爸或者没有妈妈非常可怜,这些不当的言辞都会让孩子感到自卑。

第五个误区是放任自流,不负责任。在很多单亲家庭之中,父母为了让证明自己的能力,为了从婚姻失败带来的痛苦之中解脱出来,会更加勤奋努力地工作。尤其是当离婚的原因是某一方没有出人头地,没有做出了不起的成就时,那么在离婚之后,他们在这方面就会更加敏感。所以即使费尽千辛万苦争取到了孩子的抚养权,他们也认为自己生活的重心应该是发展事业。爸爸妈妈常常忙于工作,为了弥补孩子,则会给孩子一些钱,或者是为孩子买很多玩具、美味的食物等,让孩子自娱自乐,不要打

扰父母。

即使是所谓的让孩子自然成长，顺应孩子的天性，也并不是对孩子放任不管。父母对孩子的溺爱固然是对孩子的害，但是父母对孩子不管不顾，让孩子任性随意，更是对孩子的害。毕竟孩子的自控能力是有限的，他们还没有形成责任心和意志力，所以父母应该有意识地引导孩子去坚持做得更好，也要培养孩子的责任心和意志力，这样孩子才能健康地成长。

第六个误区是言行不一，不能对孩子信守承诺。在单亲家庭中，不管是爸爸还是妈妈负责养育孩子，往往会因为一个人分身乏术，既要做好工作，又要照顾家庭，感到身心俱疲。在对孩子说出一些话却不能如约践行的时候，他们就会找出各种理由来为自己开脱。父母要想在孩子面前树立权威，要想赢得孩子的尊重和信任，就要做到言行一致，对孩子信守承诺，这样才能给孩子树立良好的榜样。

在单亲家庭的教育问题上，父母一定要走出这六大误区。当然，每个家庭都有每个家庭的情况，每个孩子也都有每个孩子的脾气个性，所以父母也要针对孩子的特点来避免一些误区。对年幼的孩子，父母要尽量减少离婚给孩子带来的伤害，对于年纪稍大的孩子，父母可以开诚布公地和孩子交流，告诉孩子自己和对方为什么要离婚，从而赢得孩子的谅解。孩子正处于不断成长的过程中，身心快速发展，父母要能够与时俱进地陪伴孩子成长。

总而言之，只要父母能够把握好单亲家庭教育的原则，坚持不溺爱孩子，培养孩子的独立意识，让孩子成为心理健康、热情开朗的人，也尊重、理解和信任孩子，那么孩子就会快乐地成长。

关注单亲家庭子女的心理健康

如今，孩子的心理问题越来越多，很多孩子生活在幸福和睦的家庭中，心理上尚且有各种各样的疑惑和困扰，那么对于那些单亲家庭的子女来说，就更是会容易出现各种各样的心理健康问题。不可否认的是，当父母的婚姻出现问题即将走向破裂的时候，受到伤害最大的就是孩子。孩子会想到自己即将失去爸爸和妈妈，即将失去家，因而感到自卑、恐惧、忧愁、焦虑。有些孩子还会性情大变，从原本的乖巧懂事变得暴躁易怒，从原本的温和可爱变得极具攻击性，从原本的勤奋好学变得厌学逃学。这些突然而来的变化与家庭环境、离异对孩子的影响都是密不可分的。如果父母不能关注到孩子的心态改变，及时帮助孩子纠正不良的心态，那么日久天长，孩子就会出现性格扭曲的情况，甚至会患上严重的心理疾病，危害身心健康。

近些年来，随着离婚率的节节攀升，单亲家庭子女的人数也不断攀升。有关部门经过调查发现，在我国，单亲家庭子女已经高达百万人之多，很多孩子都生活在单亲家庭之中，而且很少有人关注到他们所面临的心理危机，也很少有人帮助他们摆脱心理上的困惑。

从心理学的角度来说，在单亲家庭中，孩子往往会缺少父亲的爱或者缺少母亲的爱，那么，当看到身边的同龄人既能够得到父亲的爱，也能够得到母亲的爱时，他们往往会羡慕嫉妒，日久天长就会出现心理失衡的现象。在很多单亲家庭里，父母尽管事业有成，身居高位，或者创造了大量的财富，但是他们孩子却成为了问题少年，经常做出让父母抓狂的事情，这都是因为父母对孩子的教育出现了问题导致的。

　　关注单亲家庭孩子的心理健康，要从父母离婚的时候开始。很多父母在离婚的时候闹得不可开交，他们既要争夺财产，又要争夺孩子的抚养权。他们把孩子当成一个物件争来夺去，互不相让，却不知道孩子作为被争夺的对象感到万分矛盾和焦虑，他们既想跟着妈妈，又害怕因此而失去爸爸的爱；他们既想跟着爸爸，还担心从此之后见不到妈妈。这就像把孩子的心撕裂了，孩子根本无从做出选择。也有一些爸爸妈妈在无奈之余，逼着孩子表达自己真实的意愿，却不知道对于孩子来说，这真是一件特别残酷的事情。

　　父母要想关注孩子的心理健康，在开始准备离婚的时候，就应该考虑到离婚带给孩子的伤害，尽量以和平友好的方式分手。不管是在财产分配还是在孩子抚养权上，都要尊重孩子的意愿，都要以孩子作为第一要素进行考虑，选择以和平的方式来结束婚姻，这样才是保护孩子的最好方式。

　　从古至今，很多人对家都给予了至高的评价。他们认为家是每个人温暖的港湾，是每个人休憩的驿站。对于成人而言家都如此重要，那么对于孩子来说，家是更重要的。家是孩子的整个天地，家是孩子的整个世界，家是孩子的快乐之源，家也是孩子成长的开端。如果在家庭生活中失去了爸爸或者妈妈的庇护，那么孩子就会感觉自己的家变得残缺不全。原本，孩子如同小鸟一样快乐地在天空中飞翔。现在，他们却像折翼的小鸟一样不能自由自在地飞上高空。

　　很多孩子在父母离婚之后心理发生了很大的改变，他们对周围的人和事都充满了敌意，不愿意接受别人的关心，心理健康出现了严重的问题。具体说来，单亲家庭子女的心理问题有哪些表现呢？

　　第一点，孩子有可能因为父母离婚，家庭破裂而感到自卑。尤其是在看到身边的同龄人都有爸爸妈妈陪伴的时候，他们更是会难过伤心，甚至不愿意和同龄人相处。

第二点，孩子会自责。这是为什么呢？孩子还小，他们并不知道这些事情为什么会发生，而会认为这一切事情都与自己有关。例如，有些孩子在看到父母要离婚的时候，会向父母保证自己以后一定会乖乖听话，好好学习，这实际上就是在向父母释放一个信号，那就是孩子因为父母离异而陷入了深深的自责之中，认为父母离异是由他们引起的。在这种情况下，父母要耐心地向孩子解释。告诉孩子离婚意味着什么，也告诉孩子离婚并不会对他的生活产生很大的影响，更不会使他失去父母的爱。

第三点是抑郁。因为父母离婚，很多孩子都会患上短时的抑郁症，如果父母不能及时关注到孩子异常的心理状态，给予孩子帮助和引导，那么孩子的抑郁状态就会越来越严重。

第四点是焦虑。在父母离婚的过程中，孩子冷眼旁观，他们看似并不关心这件事情，甚至让像自己像鸵鸟一样把头埋起来，但实际上，他们内心对此非常关注。如果父母在离婚的过程中互相攻击，互相诋毁，那么孩子就会陷入严重的焦虑状态之中，也会因此而缺乏安全感，甚至还会做出人际退缩的表现。

第五点，逆反。为了让父母知道他们需要一个完整的家，为了让父母知道他们作为家庭的成员也有权利去参与这件事情，很多孩子会故意叛逆，吸引父母的注意。当然，他们也有可能试图以此转移父母的注意，让父母不再想着离婚。小小年纪的他们哪里知道感情一旦走到了穷途末路，再在一起就是强行捆绑，而分开对于父母而言可能是更好的选择。这一点需要孩子用漫长的时间才能领悟到，父母也可以告诉孩子这个道理，帮助孩子更快地理解。

在离婚之后，不管是爸爸还是妈妈和孩子一起生活，都要注意协调好与孩子之间的关系，也以正确的教育方式教养孩子，既不要过度溺爱孩子，对孩子心存愧疚，也不要过于指责孩子，更不要把离婚归咎到孩子身

上。当孩子在社会生活中承受他人的流言蜚语，或者是遭到他人的歧视时，爸爸妈妈要站在孩子的身边，和孩子一起面对，也要鼓励孩子坦然地接受这一切。

当家庭出现巨大的变故时，对于孩子而言这是一个严峻的考验，也是一个很难过的难关。父母必须为孩子创建良好的心理健康环境，孩子才能身心健康地成长。即使孩子出现了一定的心理问题，父母也不要急于帮助孩子解决问题，而是要先观察孩子，陪伴孩子，知道孩子发生问题的症结所在，才能有的放矢地采取措施，与孩子之间进行更好的沟通和交流。在此过程中，父母不要忽视了学校与老师的作用。父母如果担心孩子在学校里有异常行为，可以先与老师沟通家里的情况，让老师对孩子多多关注，这样孩子才会感受到更多的温暖。

培养单亲家庭子女健全的性格

在一个健全的家庭中，有爸爸，有妈妈。爸爸作为男性对孩子的性格影响，与妈妈作为女性对孩子的性格影响是不同的。与此同时，他们所采取的教育方式也是截然不同的。在共同教育孩子的过程中，爸爸和妈妈对孩子的教育会相互融合，形成合力。他们对孩子各自产生的影响也会得以综合，让孩子的性格更加健全。但是在单亲家庭之中，爸爸和妈妈已经分开了，不管是爸爸还是妈妈负责养育孩子，都要承担起主要的教育责任。如果爸爸以严厉型、惩罚型为主来教育孩子，那么孩子渐渐地就会性格暴躁，很容易产生暴力倾向；如果妈妈以温柔型、过度保护型的方式来教育孩子，总是溺爱孩子，那么孩子就会畏缩胆怯，自卑任性，而且缺乏生活自理能力。有的时候，在妈妈的过度保护和长期压抑之中，孩子还会产生激情暴力，甚至做出伤害妈妈的事情。

前段时间，有一个单亲妈妈被她的女儿杀害了。看到这样的新闻，作为父母总是感到非常痛心，不知道孩子为何会对父母下这样的狠手，作为局外人的我们无法理解，更无从得知这位妈妈与孩子相处的模式是怎样的。在亲子相处的过程中，作为女儿又有怎样的感受？但是有一点是毋庸置疑的，那就是孩子之所以会对父母做出这样残忍的事情，一定是因为他们的性格出现了严重的缺陷，他们的心态也有可能发生了非常严重的扭曲。

那么，单亲家庭子女的性格会形成哪些缺陷呢？概括起来说，单亲家庭子女的性格会出现两种倾向：一种倾向是自暴自弃型，这种孩子往往性格暴躁，经常会做出残忍的举动；另一种倾向是因为自卑和嫉妒而表现得极其自大，这样的孩子看起来是自尊，实际上内心深处是自卑的。尤其是在与他人的比较中，他们的嫉妒心理更是在不断膨胀。当发现孩子出现这两种性格倾向的时候，父母一定要引起重视，调整对孩子的教育方法，从而及时引导孩子回到正轨上。在有些家庭里，孩子会具有截然相反的两种性格，一方面他们表现得唯唯诺诺；另一方面他们又非常残忍，还具有很强的仇恨意识。

不可否认的一点是，单亲爸爸和单亲妈妈对子女所采取的教育方式是截然不同的，给子女的影响也是不同的。当认识到自身的教育存在弊端之后，单亲爸爸或者是单亲妈妈就应该及时调整自己的教育观念，采取更为合理科学的教育方式对待孩子，从而避免在错误的教育道路上越走越远。

要想培养孩子健全的性格，单亲爸爸和单亲妈妈要做到经常沟通。很多夫妻在离婚的时候闹得鸡飞狗跳，离婚之后就变成了陌路人，甚至变成了仇人。对于有孩子的夫妻而言，这样的做法是非常不明智的。夫妻之间一旦有了孩子，不管怎样都会有丝丝缕缕的联系，即使是为了孩子，也要体面地分开，而不要让孩子在此过程中受到严重的心理和情感伤害。

要想培养单亲家庭子女健全的性格，父母要做到以下几点。

首先，父母不要太过溺爱孩子。溺爱孩子是对孩子最大的害，孩子如果长期在溺爱的环境中成长，他们就会自私任性。例如，有一些孩子不允许父母再婚，想尽办法阻挠父母再婚，只想让父母始终单身，永远陪伴着他们，这其实是很自私的想法。

其次，不要在孩子面前发泄仇恨。不管什么原因导致婚姻破裂，这都是成人之间的事情，不要让成人之间不堪回首的过往牵扯到孩子。如果当着孩子的面仇恨对方，那么孩子就会觉得自己是被遗弃的，对于父母就会缺乏信任，长期在这样的环境中成长，孩子的心理就会发生扭曲。

再次，不要对孩子过度管束，不要对孩子居高临下。在家庭破裂的时

候，孩子在心理上肯定会受到伤害，所以父母更应该关注孩子。这里所谓的关注不是溺爱，也不是娇纵，而是经常与孩子沟通，了解孩子心中的所思所想，及时把握孩子的心理动态，这样才能让孩子始终保持在正轨上。

最后，不要放任孩子。放任孩子会让孩子的表现非常放纵，而且越来越难以管教。有一些孩子跟着爸爸一起生活，爸爸往往是比较粗心的，所以在教育孩子的时候要更加细致；有的孩子跟着妈妈生活，相比起爸爸，妈妈是更加用心细致的，那么就要注意不要对孩子过度管束，要给孩子自由成长的空间。

单亲父母在教育孩子的过程中还有很多误区，需要避免陷入这些误区，才能给予孩子更合理、科学和均衡的爱。在此基础上，爸爸妈妈还要注重与学校的配合，毕竟对于孩子来说，他们要在家庭生活中成长，也要在学校教育中成长。父母要关注学校教育对于孩子的重要性，在必要的时候，也可以与孩子的老师多多沟通，让老师也给孩子适度的关注。

当然，教育孩子并不是父母凭着主观就能做好的事情。面对父母婚姻的破裂，孩子的情绪一定会受到影响，出现波动。为了避免孩子因为情绪波动而让自己陷入成长的误区之中，父母要更关注孩子方方面面的情况，及时为孩子解决成长过程中的各种困惑和所面对的诸多难题。

明智的父母不会当着孩子的面争吵，破坏对方的形象。哪怕他们离婚的原因是受到了对方的伤害，当着孩子面，他们也会塑造对方良好的形象，这不是为了粉饰对方，而是为了让孩子的内心更加平静，也让孩子的性格更加健全。

当孩子因为父母离婚而出现巨大的情绪波动时，父母的当务之急就是要让孩子相信一点，那就是爸爸妈妈会一如既往地爱他。在离婚之后，最好不要让孩子的生活发生很大的变化，如果能让孩子继续住在熟悉的家里，过着往日的生活，那么对于帮助孩子平复心情是非常有好处的。

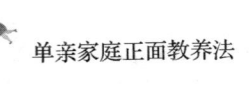

从得到父母双方的爱到只能得到爸爸或者妈妈的爱，孩子会有一定的心理落差。在这种情况下，作为孩子的监护人，既不要过度溺爱孩子，也不要忽视孩子，而是要尽量像往常一样对待孩子。

在培养孩子健全性格的过程中，父母还要引导孩子形成正确的世界观、人生观和价值观，只有三观很正，孩子才能够拥有良好的人生。父母要鼓励孩子多多结交朋友，让孩子与同龄人在一起相处，感受到与人相处的乐趣。父母要积极地培养孩子的兴趣爱好，也要鼓励孩子多多参加集体活动，让孩子能够融入团体之中，与他人之间密切合作，这对于孩子的心智健全和能力增长都是很有好处的。

孩子的成长绝不是一朝一夕就可以完成的，没有人能够完全决定孩子长成怎样的人。孩子的成长也受到很多因素的影响，如果父母不能用心地对待孩子，孩子未免会在成长的过程中误入歧途。对于孩子来说，家庭是非常重要的，当父母因为离异而导致家庭动荡不安的时候，更要关注孩子心理状态，注重培养孩子的性格。父母可以告诉孩子，在社会生活中，有很多夫妻都会因为各种原因而离婚，也要引导孩子把自己与父母离婚这件事情摆正关系。父母一定要让孩子知道，很多事情的发生都是合理的，我们之所以认为它不合理，其实是因为我们对它的认知还不够深刻和全面。当我们能够做好这一点，那么我们对很多事情都可以坦然接受，理性对待。

消除单亲家庭子女的苦恼

在父母的婚姻状况刚刚出现问题的时候。孩子往往是最难以接受的，这是因为父母知道是彼此之间的相处出现了问题，所以会提早做好心理上的准备。而孩子呢？他们始终生活在父母用爱为他们营造的家庭之中，很少感受到父母之间的问题。当有一天父母的婚姻问题突如其来地暴露在他们面前，让他们赖以生存的家中发生十级地震时，他们必然是很难当即就理解和接受的。所以很多人都说，父母离婚对孩子的影响是最大的。

有些父母非常心急，在婚姻状况发生变化的时候，他们恨不得孩子马上就能够理解或接受这种改变，也会强求孩子。实际上这是强人所难。父母要相信，孩子随着不断成长，人生的经验越来越多，人生的阅历也更加丰富，他们能够逐渐理解父母，父母要做的就是耐心等待，而不要强求孩子马上就理解父母做出的选择，也不要因此而把紧张焦虑等负面情绪都发泄在孩子身上。

有些夫妻之所以离婚是因为被背叛，受到伤害的那一方往往会认为自己扮演着一个可怜的角色，也会在孩子面前哭天抢地。实际上，离了谁地球都照样转，即使是被伤害被背叛，也不应该颓废沮丧。越是遭到了伤害，越是应该振奋精神，昂首挺胸地继续走好自己的人生之路。只有这样，才能给孩子做好榜样，让孩子知道父母即便离婚了，也可以堂堂正正地做人，自己即便没有完整的家庭了，也可以用爱和亲情来营造一个温馨的小家。相信当孩子看到父母面对婚姻打击的时候做出了这样积极向上的表现，孩子的心胸怀也会越来越开阔的。

如果说几十年前离婚还是一件很罕见的事情，那么在现在离婚则屡见

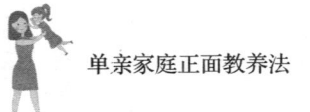

不鲜。现代社会中，随着经济的发展和社会上各种思想观念的开放，离婚率节节攀升，单亲家庭越来越多。随着单亲家庭大量出现，单亲家庭的很多问题也渐渐凸显出来。例如，在单亲家庭中，很多孩子因为心理失衡，出现了性格改变、行为恶劣的现象。对于孩子这样的成长问题，父母应该考虑到家庭环境和家庭教育对于孩子所产生的影响和作用。

不管父母是因为什么原因而选择离婚，也不管单亲家庭是因为什么而出现的，在单亲家庭中，首先需要面对的问题就是教育功能不全，或者是叫功能欠缺。为什么孩子既要有爸爸也要有妈妈呢？是因为爸爸与妈妈对孩子的教育是相辅相成的，这样才能让孩子获得安全感，也在情感上得到满足。从客观条件上来说，单亲家庭并不具备这样的条件，所以会存在一些不足，这是难以避免的。

那么，从孩子心理发展的角度来说，这种教育功能不全，或者叫教育功能欠缺，对他们的影响也是很大的。有一些孩子内心敏感，自卑脆弱，在人际关系中，他们因为父母离异而产生自卑感，也会因此而对他人产生嫉妒心理。在生活的群体中，如果有人故意欺负或者是侮辱孩子，那么孩子就会承受更大的压力。有一些孩子在父母离异之后不得不转学去新的学校，就是因为不想有人知道他的爸爸妈妈离婚了。也许从爸爸妈妈的角度来说，离婚并不是什么丢人的事，但是从孩子的角度来说，他们依然觉得这是很重要的一件事情，会对他们的生活造成严重的影响，也会给他们带来很多苦恼。所以父母不要指责孩子小题大做，而是要站在孩子的角度上考虑问题，也理解孩子的感受。

父母如何做才能消除单亲家庭子女的苦恼，让孩子健康快乐地成长呢？

首先，父母要调整自己的思想认知，能够设身处地地为孩子着想，知道孩子对于父母离异这件事情有怎样的感受，从而帮助孩子调整心理和情绪状态，对于新的家庭环境采取接纳和包容的态度。我们可以告诉孩子，

与其勉强维持一个家庭，让彼此都感到非常痛苦，还不如选择和平友好地分手，给彼此自由，去追求更美好的生活。这样一来，孩子对于"离婚就没有家"的感受就会发渐渐地发生改变。

其次，孩子的生活中不仅只有爸爸妈妈，尤其是在进入校园之后，他们还会有老师、同学，也会与更多的人相处。在父母离异之后，父母要更加注重引导孩子建立良好的人际关系，如果孩子与同学的关系和谐融洽，那么他们就会在与同学相处的过程中感受到更多的快乐；如果孩子性格孤僻，不愿意与同学交往，那么孩子就会非常孤独和寂寞。对于各个年龄段的孩子而言，同龄人对他的陪伴对他们来说都是很重要的。

再次，让孩子与更多的长辈相处，从其他长辈身上汲取精神的养料，获得良好的榜样和教育作用。虽然父母要承担起教育孩子的重任，但是在家庭生活中，很多长辈也会对孩子起到教育的作用。例如，孩子可以和爷爷奶奶相处，也可以和姥姥姥爷相处，还可以和父母的很多亲戚朋友相处。在与很多人相处的过程中，他们可以感受到他人的精神魅力，也可以主动地向他人学习，这对于他们完善性格是非常有好处的。有些孩子与长辈形成了忘年交，那么在生活中遇到困惑的时候，他们自然就会向对方倾诉，得到对方的开解和安慰，从而疏导负面情绪。

最后，要非常用心地观察孩子的言行举止。当发现孩子出现异常的时候，要及时引导孩子，也要帮助孩子解开思想上的疙瘩。在很多单亲家庭中，孩子都是特别敏感的，有的时候，他们的心理上也会出现一些变化。父母是最了解孩子的人，每天与孩子生活在同一个屋檐下，朝夕相处，一旦发现孩子的行为出现异常，父母就要经常和孩子谈心，也要能够及时疏导孩子的不良情绪。在沟通的过程中，父母需要注意的是，不要对孩子颐指气使地评判，而是要用心倾听，哪怕孩子说得不对也没关系。只要父母耐心地倾听，孩子就会很乐于表达。

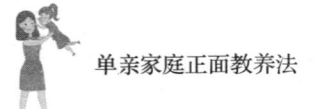

在这个世界上，每个人都会有各种各样的烦恼，完全自由快乐的人是不存在的。别说是在单亲家庭中，即使是在健全的家庭中，对孩子的教育也会出现各种问题，孩子也会有各种各样的苦恼。所以当发现孩子置身于苦恼之中时，父母不要感到心急，而是要认识到这是正常的现象。

一直以来，单亲家庭的子女教育都是一个难题，父母应该把握好适度的原则，采取有效的方式才能解决这些难题。在生活中，各种各样的事情都在发生变化，这些变化本身并不会对我们产生负面影响，所以我们要做的是端正态度，采取有效的策略来面对这些变化，这样我们才能够在变化之中做出更好的选择和更明智的决定。

婚姻破裂对于父母而言是一件很痛苦的事情，但是父母既然肩负着照顾孩子的重任，就要主动地进行自我调适，要能够正视家庭的变故，也要积极主动地解决孩子的教育问题。谁说单亲家庭不能成为孩子成长的沃土呢？只要父母为孩子支撑起一片晴空，只要父母能够把孩子当成朋友，与孩子推心置腹，只要父母始终是孩子坚强的后盾，给孩子可靠的依赖，那么孩子依然可以快乐地成长。

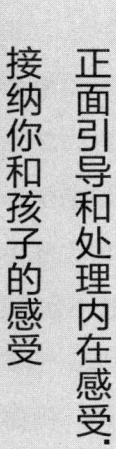

第03章
正面引导和处理内在感受：接纳你和孩子的感受

对于单亲父母而言，感受是一个很微妙的问题，同样这个问题也给他们带来了很多烦恼。所以，认可孩子的感受，意味着我们要站在孩子的角度上理解孩子的所思所想所感，也要能够对孩子真正做到感同身受。

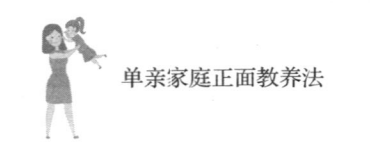

接纳和认可孩子的感受

现实生活中，大多数父母都会犯主观主义的错误，他们本能地从自我的角度出发考虑问题，也总是站在成人的立场上去分析和评判很多问题。但是这并不能帮助父母处理好与孩子之间的关系，甚至会让单亲家庭中的亲子关系变得剑拔弩张。我们真正要做到的是解决问题，而不是使问题恶化。只有牢记这个初心，我们才能处理好自己和孩子的感受。

当生活变得一地鸡毛，我们用来表达感受的方式往往是无效的，还会导致事与愿违。例如，我们会愤怒地嘶吼，无休止地唠叨，歇斯底里地哭泣，面无表情地沉默。这些方式都并非我们主观故意做出来的，而是我们在习惯成自然的思维模式驱使下不知不觉间呈现出来的。现实生活中，总有很多东西会引发我们强烈的感受，这些感受会让我们的内心发生巨大的变化，也会让我们因此而做出相应的举动。很多时候，即使生活并没有突如其来的打击，我们也会产生感受。作为成年人，很多人都忽略了自己的感受，即使有人偶尔关注自己的感受，也不知道应该如何对待它们。这就直接导致了很多父母都不理解孩子也会有情绪和感受，他们更没有意识到，孩子因为没有掌握足够多的知识，也缺乏人生经验，所以他们只有极少的方法用来面对和处理自己的感受，在这样的情况下，孩子就需要父母的帮助和引导。

有的时候，我们会感到心力交瘁，不想再有那么强烈的感受。例如，在爱情之中，很多人都有着飞蛾扑火的热情和破釜沉舟的勇气。但是当爱的火焰渐渐消退和冷却的时候，人们却只希望能够宁静平和地度过人生中的每一天。这就是人在不同时刻的不同感受。父母应该理解孩子一样会有

情绪，而且孩子并没有那么多的方式方法来接纳和面对情绪。在感受发生的时候，他们甚至不知道应该如何积极有效地来表达自己的情绪。父母在意识到这一点之后，如果能够帮助孩子合理地表达情绪，圆满地处理问题，那么孩子就能更好地处理自己的感受。

对于单亲父母而言，说起感受可能会感到更加心烦意乱，这是因为他们为了照顾孩子的吃喝拉撒、衣食住行已经付出了极大的努力，他们甚至没有精力再去应对孩子紧张、孤独、担忧、困惑、愤怒等复杂的感受，也不想面对自己类似的这些感觉。实际上，感受是不可逃避的。感受每时每刻都在发生着，感受与我们的生命共同喘息着。

感受本身并不是导致问题发生的根本原因，人们在感受的驱使下做出的行为或者是某种选择，才导致了问题的发生。感受能把宝贵的信息反馈给我们，让我们做出及时明智的选择，如果没有感受，我们就会变得迟钝。

在了解感受的基础上，父母应该教会孩子如何表达感受和处理感受，前提是父母要先学会处理好自己的感受。事实证明，父母是孩子的榜样，孩子是父母的镜子。很多孩子都通过观察父母的言行举止，才渐渐地学会了处理感受。如果父母给孩子做出的榜样示范作用是错误的，那么孩子就会受到负面的影响。

亲子相处是一个非常复杂的命题，也是一个很复杂多变的实践题目。对于父母而言，帮助孩子处理感受是非常重要的，前提是接纳和认可孩子的感受。如果父母对于孩子的感受持有否定的态度，不愿意接纳孩子的感受，那么，父母就不会为了帮助孩子处理好感受而做出努力。

遗憾的是，现实生活中有很多成人都不愿意承认自己的感受，是因为他们在潜意识里知道这些感受是不好的，也怕自己会受到感受的负面影响而做出不明智的举动。例如，有些成人明明愁眉苦脸，却不承认自己非常痛苦，反而告诉别人自己很快乐。他们的表情会出卖他们，纵然他们心口不一地说着话，表情已经告诉人们他们真的很不快乐。最可笑的是在家庭生活中，当孩子表达自己真实的感受时，父母往往会对他们进行否定。例如，在一个有二胎的家庭中，老大对于老二满怀恨意，他会对老二说："我恨你，要是没有你多好呀！"听到老大这样极具危险性的话，父母非常紧张，会当即纠正："老大，别瞎说了吧，你是最爱弟弟的，这一点我们都很清楚。"这样的否定让孩子更加抓狂，并不能消解孩子对弟弟的恨意，反而会让孩子更加仇恨弟弟。

这种做法是很不明智的，父母与其否定孩子的感受，不如接纳和认可孩子的感受。有的时候，孩子之所以表达自己的感受，并不希望父母真正做一些什么来帮助自己发泄怒气，而只是希望得到父母的认可。例如父母可以对孩子说："我理解你现在的感受，我知道你非常生气，也很伤心。然而弟弟还小，他伤害了你，你作为哥哥最好不要打他。因为如果你把握不好力度，他很有可能会受伤。不过我们可以想办法来找其他的方式表达感受，你认为你需要做一些什么事情才能消除内心的愤怒呢？只要这件事情不会伤害别人。我就会支持你去做。"

在父母这么说的同时，一个令人惊奇的改变就发生了——老大不像之前那么愤怒和歇斯底里了。这是为什么呢？其实父母也没有做什么，只做了最重要的一件事，那就是认可和接纳孩子的感受。正是因为父母这么做了，所以孩子的愤怒才会消散于无形。

在亲子关系中，很多父母都因为与孩子一起经历的冲突而感到紧张不安。实际上，这些冲突并不是孩子刻意导致的，而是因为他们需要表达感受。当父母学会站在孩子的角度和立场上去理解和接纳那些感受，而不仅仅是从自己的主观意识出发，否定孩子的感受，那么父母就能够帮助孩子缓解不良的感受，也能够避免问题恶化，甚至还有可能因为做出了这样的

举动而帮助孩子消除不良的感受。

除了要站在孩子的立场上考虑问题之外，在与孩子沟通的过程中，父母要做到认可和接纳孩子的感受，还应该做到积极倾听。很多人误以为良好的沟通是以表达开始的，实际上，良好的沟通是以倾听作为起点的。积极的倾听能够把孩子的感受映射给孩子，积极的倾听是一门艺术，也是亲子教育的重要方式。

倾听为孩子提供了一个很难得的机会，在得到父母倾听的过程中，孩子会觉得自己被父母理解了，而且会认为他所表达的很多困惑也已经得到了父母的理解。当然，父母不要把倾听与对孩子表示赞同混为一谈，父母即使认为孩子说的是错的，也先不要急于否定孩子，更不要批评孩子，而是要耐心地倾听。这会使孩子感觉到父母是理解自己的，因而他们才会更积极地表达自己的感受。由此可见，倾听对于发展和维持良好的亲子关系也是非常重要的。在倾听的过程中，父母要扼制住自己试图控制局面的欲望，让孩子成为沟通的主导者。

当父母学会倾听，当父母学会理解和接纳孩子的感受，当父母能够与孩子之间建立坦诚而信任的关系，当父母能够发自内心地尊重并且平等对待孩子，那么单亲家庭建立有效而充满爱的环境就已经迈出了至关重要的第一步。

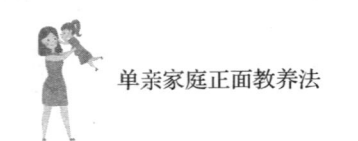

单亲妈妈也能收获快乐

说起离异，很多人第一反应就会认为女性是最大的受害者。当一个女性决定要离婚的时候，也意味着她对婚姻已经忍无可忍。从这个角度来说，在大多数破碎的婚姻中，很多女性都是受到伤害的那一方，但是这并不意味着在单亲家庭生活中，女性要扮演苦情的角色。其实，即使作为单亲妈妈，也能收获快乐，重要的是要摆正自己的心态，做到自立自强，这样就不会因为婚姻的破裂而怨声载道了。

不管是不是在婚姻中受到伤害的一方，作为相对处于弱势的女性，都应该勇敢地面对婚姻的变化。俗话说，强扭的瓜不甜。很多女性在发现婚姻出现问题之后，总是采取拖字诀，不愿意当即处理问题。这样不但拖延了对方的时间，也会使自己陷入更漫长的痛苦之中。如果能够改变心态，换一个角度看待问题，想到与其捆绑着在一起痛苦地生活，还不如给自己和对方自由，采取快刀斩乱麻的方式结束痛苦，女性就能够收获更多的快乐。

也有一些男性极其不负责任，在提出终止婚姻的要求时，他们不会考虑到孩子由谁抚养。为了自己自由自在地开始新生活，他们会把孩子丢给妈妈抚养。那么作为单亲妈妈，在抚养孩子的时候一定会面对很多难题，既要当爸又要当妈，这对妈妈来说是一个极大的考验，但是这个考验并不是无法过关的。

具体来说，妈妈在单亲生活中应该怎么做呢？

第一点，单亲妈妈要多关注孩子的心理状态。在完整的家庭中，孩子不管有什么事情，爸爸妈妈都可以一起承担。但是在单亲家庭中，所有原

本应该由爸爸妈妈共同承担的事情，现在全都落在了妈妈的身上。此外，父母婚姻的破裂，也会给孩子造成很多负面影响，使孩子的心理发生一些微妙的变化。所以妈妈在承担所有的抚养责任的同时，还要更加关注孩子的心理健康和情绪状态，这也需要妈妈付出更多的时间和精力。

第二点，妈妈不要试图当一个完美的妈妈。在这个世界上并没有绝对完美的人，更何况是一个既要当爸又要当妈的柔弱女性呢？妈妈只要尽自己的力量做到最好就行，不要试图追求完美。此外，随着不断成长，孩子各方面的能力都在逐渐增强，妈妈如果意识到自己的时间和精力都是有限的，不可能面面俱到地照顾孩子，也不可能24小时守护在孩子身边，就要有意识地培养孩子的独立性，让孩子学会照顾自己，这样妈妈也就会感到轻松一些了。

如果在刚刚离婚的时候感到精力不济，妈妈还要学会借力，可以求助于孩子的姥姥姥爷，也可以请孩子的爷爷奶奶帮忙。在分身乏术的时候，还可以让邻居帮忙。只要平日里与亲人、邻居等搞好关系，相信在需要的时候，总有人愿意对单亲妈妈伸出援手。

第三点，妈妈一定要爱自己。在很多家庭教育中，父母往往会把自己给忽略了，尤其是妈妈，她们全心全意地爱着孩子，不知不觉间就把自己给隐没了，使自己变成了孩子的影子。她们只知道要照顾孩子，很少考虑到自己的需求，实际上只有妈妈快乐，孩子才会快乐。有人说，妈妈的脸色是整个家庭的晴雨表，这句话是很有道理的。即使是在健全的家庭里，妈妈是否快乐也是很重要的，所以妈妈要学会减轻自己的痛苦，要让自己的内心充满希望，要对未来满怀憧憬。

第四点，要有自己的时间，定期给自己放假。作为单亲的妈妈，长期独自照顾孩子一定会感到心力交瘁。如果感到自己已经非常疲惫，甚至无法再继续支撑下去，就要学会给自己放假。例如，定期把孩子交给老人或者亲友代管，让自己出去放松一天或者半天的时间，这一天或者半天的时间是完全属于自己的，没有任何人打扰，可以去看一场电影，或者去郊外远足，还可以和朋友喝茶聊天，甚至和朋友喝酒唱歌。总而言之，只要能够让自己感到放松，就是很好的休息方式。

第五点，要学会合理安排时间。很多单亲妈妈都觉得分身乏术，不知道自己应该如何做才能挤出更多的时间。有的时候忙完了家务，根本就没有精力再去陪伴孩子。其实，时间就像海绵里的水，挤一挤总还是有的。此外，是否能够合理地规划和利用时间，也使得时间的利用率相差很大。妈妈要学会统筹方法，把很多事情结合起来做好，不要逼得自己那么紧。例如，可以让孩子适当地参与到家务中来，这样既陪伴了孩子，又提高了效率。

第六点，和其他的单亲父母保持联络，在对方有困难的时候积极地帮助对方，在自己有困难的时候主动向对方求助，对于孩子教育方面存在的一些困惑，也可以与积极地与对方交流，这样就可以与对方互相支持，互相鼓励。

第七点，单亲妈妈应该有一位值得信任的异性朋友。为什么要有异性的朋友呢？虽然爸爸也会定期来看望孩子，但是对于孩子来说，爸爸偶尔的探望并不能对孩子的性格养成起到长期的影响，如果妈妈有一位值得信任的异性朋友，也可以经常让孩子与这位异性朋友在一起相处，孩子就会受到男性力量的影响，从而形成更强的阳刚之气。当然，这位异性朋友未必只是朋友，也有可能发展成为妈妈的恋人。如果妈妈在恋爱的时候能够得到孩子的祝福，那岂不是更好吗？即使没有异性朋友也不要着急，可以让孩子与生活中的很多男性亲朋好友多多相处，这样做同样能对孩子起到良好的影响。

第八点，分清生活的轻重缓急，不要把自己逼得太紧。很多单亲妈妈

都特别好强，尤其是在离婚之后，她们更想活出个样来给对方看，也想证明自己不是个可怜虫。实际上，适当示弱并不是一件坏事情，适当示弱可以得到他人的帮助，适当示弱也可以让自己的内心不再那么紧张。对于生活中杂乱无序的事情，可以列出轻重缓急，先做重要且紧急的事情，再做紧急但不重要的事情，接着做重要但不紧急的事情，最后如果有时间再处理不重要也不紧急的事情。这样就能保证自己一直在做最重要且最紧急的事情，从而大大提升时间的利用率。

很多人会把生活形容成为一团乱麻，实际上即使是乱麻，只要我们耐心地去解，也能解开。和健全的家庭相比，单亲家庭的生活节奏发生了变化，但是单亲妈妈不要害怕，只要重新建立生活的节奏，让生活有规律，按部就班地做好很多事情，渐渐地就能从手忙脚乱到从容自如、游刃有余，也会从紧张急迫到气定神闲、泰然处之，这才是单亲妈妈应有的状态。

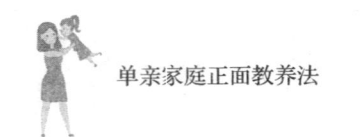

单亲妈妈要做好自我调适

和几十年前的家庭形式比较单一相比,现代社会中的家庭形式越来越复杂和多样化。离婚率节节攀升,很多家庭都从完整的家庭结构转变为只有父亲或者母亲的单亲家庭结构。曾经有专家学者对婚姻状态进行了调查,预测在未来单亲家庭将成为重要的家庭形式之一,而导致单亲家庭的原因之中离婚和丧偶又将占据主要因素。

在传统的家庭观念中,认为女性要承担起照顾家庭、教育孩子的主要责任,也因为社会、文化因素的多重影响,再加上男女的生理差异,所以在很多单亲家庭里,都是由妈妈承担起家长的角色。要想让这个单亲家庭的生活更加幸福,作为单亲家庭主要成员的单亲妈妈就要学会做好自我调适,这样才能在家庭生活中扮演好自己的角色,也可以给予孩子良好的教育。

不管婚恋的观念多么自由和开放,对于每个人而言,离婚都是人生的重大变故之一。在离婚之后,单亲妈妈也会突然承担起生活的主要压力。曾经,很多人因为离婚而承担着巨大的心理压力,也因为受到刺激,使得身心健康遭到损伤。当然,这种极端的情况发生的概率还是相对比较低的,但是大多数人都会在离婚后感到焦虑不安、无所适从,也有人因此而患上严重的抑郁症。在这样的情况下,我们要关注单亲妈妈的心理状态和健康状态,单亲妈妈只有身心健康,情绪稳定平和,才能带着孩子好好生活。

小何今年36岁了,是一名小学老师。在大多数人眼中,她性情温和、温柔贤淑。小何的婚姻生活很幸福。她大学毕业之后,与大学同学开始恋

爱，后来携手走入了婚姻的殿堂。她的丈夫是一名初中老师，虽然他们夫妻俩都是老师，没有很高的收入，但是他们的生活非常稳定。每年到了假期，他们还有很长的时间可以在家里陪伴孩子。很多人对于他们的一家三口的生活都特别羡慕。

随着孩子渐渐长大，家里的开销也越来越大。看到周围的人都换了大房子，买了豪车，丈夫也动起了心思。丈夫对小何说："我觉得我们家有一个人当老师就可以了，你顾好家，我准备辞职，下海经商。这样一来，我们既有稳定的生活，也能拼搏，说不定我还能发家致富呢！那么，我们的生活就太美满了。别人一定会更羡慕我们的！"

小何被丈夫描述的前景感动了，她很支持丈夫下海经商。在丈夫辞职的几年时间里，小何每天都既当妈妈，又当爸爸，既要工作，又要照顾家庭。眼看着丈夫的公司规模越来越大，利润越来越高，小何正以为自己的好日子终于来了，却没想到在这个时候遭遇了一个晴天霹雳一般的打击：她得知丈夫在外面有了外遇，而且丈夫还向她提出了离婚。

小何没有想到自己对丈夫无私付出，最终却换来这样的结果，想想自己几年来独自一个人支撑着整个家，还要为丈夫的事业经营而提心吊胆，她就觉得万分的委屈。后来丈夫告诉小何小三已经怀孕了，小何这才彻底死了心。她和丈夫恩断义绝，借着离婚的机会向丈夫要了一大笔钱，又向丈夫要了很高的抚养费之后，终于和丈夫办理了离婚手续。

离婚手续办完之后，小何就像变了一个人一样。她原本精致干练，现在却变得邋里邋遢，又因为每天晚上都彻夜难眠，她的体重急速减轻，脱发严重，甚至冒出了很多白头发。她无论如何也不能接受自己被人羡慕的婚姻就这样彻底破裂了，她无数次想到死，但是一想起孩子的年纪还那么小，现在已经被父亲抛弃了，如果再被母亲抛弃了，孩子就会彻底成为孤儿。思来想去，她继续苟延残喘着，只为了给孩子一个家。

后来，小何在朋友的介绍下去向心理医生进行了倾诉，心理医生对小何说："既然你在此前这几年里一直都在独立支撑这个家，那么现在情况又有什么改变呢？在此前的几年里，你丈夫的事业没有起色，不能给家里拿回来很多钱，现在你丈夫不但赔偿了你一大笔钱，而且每个月都会给孩子很多抚养费。按理来说，你除了缺少一个丈夫之外，你们的生活质量应该是比之前提高的，我倒是觉得你现在可以更轻松地生活。以后只要遇到合适的人，还可以再次开始自己的爱情，这么想想，未来也还是值得期待的吧！"

心理医生一语惊醒梦中人，小何这才意识到，原来自己的生活并不是一下子塌陷了，只是维持了原样而已，甚至在经济方面比之前更加宽裕了。想到这一点之后，她决定振奋精神，不让自己就此颓废下来，而是要给孩子树立一个好榜样，给孩子一个完整幸福的家。后来，小何用丈夫给她的一次性补偿费买了一所很大的房子。每当工作忙碌的时候，她就会让爸爸妈妈住到家里来帮她接送孩子。如果工作轻松，爸爸妈妈就会回到自己的家里，小何和孩子一起过着幸福快乐的生活。

过了一段时间，小何把此前居住的小房子租了出去，每个月还能收入一笔租金呢。渐渐地，小何从离婚的阴影中走了出来，妆容精致，又变成了美丽的女人。她为了提升自己，还报名参加了一些课程，开阔自己的眼界。看到妈妈活得如此多姿多彩，孩子原本因为父母离婚而情绪低沉，现在也调整好了状态，越来越开心了。

单亲妈妈在对自己进行调适的时候，除了要让自己以良好的态度来面对婚姻的失败之外，也要做好准备迎接一段新的恋情。每个人都有权利享受爱情，当然，不要急迫，不要为了逃避这样的一段情伤，就迫不及待地投入另一段感情之中。既然婚姻已经失败，不可改变，那么单亲父母就要坦然面对现状。在此过程中，也要反思自己，看看自己在哪些方面做得还

不够，还可以得到提升。要舍得对自己进行投资，努力提升自我。当爱情真正来敲门的时候，要善于抓住机会，遇到一个比前任更爱自己的人，这是完全有可能的。

无论怎样，离婚都是一个痛苦的过程，婚姻的双方都会因为离婚而受到伤害。作为女性，在破碎的婚姻中受到的伤害也许更大，所以一定要学会善待自己，不要让自己因此而陷入无尽的烦恼和痛苦之中。即使是因为自己的过失而导致婚姻失败，也不要一味地责怪自己，很多事情都是客观发生的，也是不可改变的，我们应该向前看，对于自己的错误要积极地改正，对于自己的优势和长处也要顺势而为，发展核心竞争力。婚姻的结局固然是不可扭转的，但是我们却可以主宰和驾驭自己，以良好的心态走出离婚的阴影，尽快适应单亲生活的节奏。

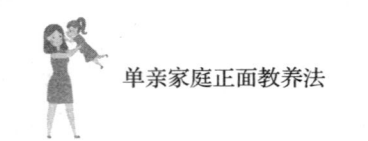

单身父亲要给孩子领路

弗洛姆在《父爱的艺术》中说，父亲尽管不能代表自然界，但是却代表着人类存在的另一个世界，即父亲代表着思想的世界，代表着法律和秩序的世界，代表着风纪的世界，代表着冒险和阅历的世界。父亲作为孩子的人生导师，将会为孩子指出通往世界的道路。

在家庭生活中，父亲的爱是不能缺席的。如果父爱缺席，孩子的成长就会缺钙，这是因为父爱与母爱相比是完全不同的。如果说母爱是琐碎的，给孩子点点滴滴的温柔照顾，那么父爱则是刚硬的，沉默如山，却让孩子挺直了脊梁。

家庭是孩子赖以生存和发展的基本社会生态环境。在家庭教育中，父亲和母亲占据着主导地位，他们的教育形态和教育行为构成了家庭教育最活跃的因素。母爱潺潺，如同流水，父爱巍峨，如同高山，父爱和母爱对于孩子而言都是不可或缺的。很多人对于父爱存在误解，认为只有男孩在成长的过程中才需要父亲的陪伴，实际上女孩更需要父亲的陪伴，这是因为父亲在家庭教育中扮演着重要的角色。

首先，父亲能够促进孩子社会性的发展。父亲陪伴孩子一起成长，会让孩子获得安全感，也会让孩子形成自尊心。在人际交往的过程中，孩子就能够以良好的状态与人相处，做到真诚待人，友善待人。通常情况下，与父亲相处更多的孩子社交能力更强，即使在进入陌生的环境之中时，他们也能够很快地适应。

其次，父亲能够促进孩子认知的发展。如果说母亲对孩子的抚养主要是侧重于保护孩子不受伤害，那么父亲在陪伴孩子成长的过程中，则会

多多鼓励孩子冒险，增长孩子的阅历，让孩子认识自然，融入社会。在此过程中，虽然父亲并没有对孩子进行过多的言传教育，但是他们却以身作则，为孩子树立了积极的榜样。孩子的模仿性是非常强的，他们会在不知不觉间模仿父亲的各种行为，因而让自己更快速地成长。

再次，父亲有助于儿童性别角色社会化的发展。现代社会中，很多男孩都出现了女性化的表现，这是因为他们在成长的过程中更多地与女性接触。例如，在家庭中，他们通常是由妈妈、奶奶或者姥姥负责抚养的，而在进入学校之后，尤其是在幼儿园和小学阶段，又以女性老师居多，这也使男孩过多地与女性老师接触，缺乏男性的身教。对于男孩子而言，缺乏了是父亲的言传身教，他们男子汉的气概就不能够得到更好的发展；对于女孩而言，与父亲的相处也是很重要的，正是通过与父亲相处，女孩才学会了与异性交往，也正是在父亲的保护之下，女孩才能获得更多的安全感。

最后，父亲能够促进孩子情感的发展。如果说妈妈和孩子在一起做的游戏往往是比较温和的，以保证孩子的安全为主，那么爸爸在和孩子玩游戏的过程中，就会更多地去做一些具有冒险性的游戏，也会让孩子更加兴奋，得到极大满足。和妈妈总是扮演着高高在上的家长角色不同，爸爸在和孩子一起玩儿的时候更能放下架子，摇身一变成为孩子的朋友，和孩子在一起快乐地做各种各样的游戏。在此过程中，孩子甚至会忘记了父亲的角色，把父亲当成自己的朋友。与此同时，他们也会变得更加勇敢、自信、活泼，勇于冒险，这些都是父亲所能给予孩子的引导。

人们都说世上只有妈妈好，没妈的孩子像根草，但是父爱也同样是非常重要的。母爱并不能够完全取代父爱。父爱在孩子成长中占据很重要的地位。在社会生活中，即使很多健全的家庭里，父亲也会出现缺席的情况。他们因为忙于工作，往往疏于给予孩子更多的照顾，而把孩子交给伴侣或者是老人负责照顾。长此以往，孩子与父亲之间的感情越来越淡，就

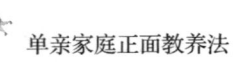

不能受到父亲积极的影响。在单亲家庭中，父亲要给孩子领路，成为孩子的领路人，就要多多陪伴孩子，也要用心地观察和了解孩子。

在一个健全的家庭中，父母的教育方式虽然相差迥异，但是却能够很好地融合在一起，从而在教育孩子方面达到一种平衡。而在单亲家庭中，父母的教育却是被割裂的，所以就很难做到面面俱到。作为单亲家庭的父亲，不管是否和孩子生活在一起，都要扮演好自己的角色，都要出席孩子的成长。

如果孩子跟着妈妈生活，那么爸爸要经常去看望孩子，和孩子一起玩耍，带孩子进行各种有益的活动；如果孩子跟着爸爸一起生活，爸爸就要肩负起照顾孩子的重任，还要成为孩子的领路人。

具体来说，在成为单身父亲之后，爸爸要进行一些调整，才能够更好地为孩子营造家庭生活环境，也才能与孩子融洽相处。

首先，在成为单亲爸爸之后，爸爸要保持平静，要适应自己的新角色，切勿把对伴侣的愤怒和抱怨在孩子面前展示出来。每个父亲都对孩子肩负着不可推卸的责任，所以当生活没有人照顾的时候，父亲就要首当其冲，为孩子提供正常的生活。

其次，很多父亲的生活没有规律，也不健康，还养成了一些不好的生活习惯。既然现在与孩子相依为命，就要改掉这些不良的生活习惯，让自己的生活变得更有规律，这样才能让孩子也拥有健康有序的生活。

再次，不管什么时候都要把孩子放在第一位。即使工作再忙，也要坚持与孩子沟通。很多父亲本身是沉默的，他们很少说话。但是现在却不同，因为他们是孩子在家庭生活中唯一的亲人，应该与孩子保持顺畅的沟通。得到合适的机会，父亲也可以帮助孩子缓解父母婚姻破裂带来的伤害，这对孩子的健康成长同样很重要。

最后，要调适自己的心理状态，在必要的时候，向亲朋好友倾诉，或

者寻求心理医生的帮助。不管经历了什么，作为爸爸，对于爱情和婚姻依然应该抱有希望。当遇到合适的人，当遇到合适的伴侣，可以考虑再次步入婚姻，不过要慎重思考，切勿急躁。即使孩子反对父亲再婚，父亲也要理解孩子的感受，耐心地与孩子沟通，相信精诚所至，金石为开。只要坚持这么去做，孩子一定能够理解父亲，也会支持父亲的决定。

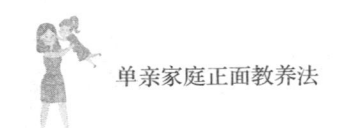

孩子不喜欢当"第三者"

如果你经常看影视剧,那么你就会知道,在很多重组家庭之中,新婚的夫妇面对的最大障碍不是性格有差异,不是彼此的生活习惯不融合,而是因为家里有一个孩子。当他们满心欢喜地想要展开新的生活,当他们满怀希望地想要拥有新的幸福,孩子却成为了不折不扣的"第三者",把整个家搅得鸡飞狗跳。其实孩子并不喜欢当"第三者",很多孩子之所以被迫成为了"第三者",完全是因为无奈。当然,这也提醒了重组家庭的夫妻在开始新生活的时候,首先要解决好孩子的问题,安抚好孩子的情绪,这样才能消除新生活的障碍,让新生活更顺利地展开。

很多人都说孩子是家庭生活的纽带,把夫妻关系变得更加紧密,其实对于夫妻双方而言,如果没有孩子,他们散了也就散了,而一旦有了孩子,就永远有了牵扯不断的关系。对于婚姻来说,没有孩子的婚姻在解散之后变成了两方,彼此之间毫无关联;有孩子的婚姻在分散之后变成了三方,彼此之间有着千丝万缕的关系。所以千万不要小瞧小小的孩子,不管如何,他们都是父母在离异之后继续行走人生之路的一个重要因素。当父母决定再次走入婚姻组建家庭的时候,孩子很有可能会成为父母新的婚姻关系中的"第三者"。

王洁离婚离得干脆利落。她与丈夫结婚才两年,丈夫就有了外遇,恰巧这个时候他们还没有孩子,所以骄傲的王洁就与丈夫离了婚,净身出户,没有要丈夫一分一厘的钱。恢复了单身生活,虽然一开始王洁感到很受伤害,郁郁寡欢,精神不振,但是在一段时间的适应之后,她又变得开心起来,因为这样她就有机会重温单身生活了,她觉得这样也是不错的。

接受了离婚的现状之后，王洁一改往日消沉失落的样子，神采奕奕，反而活出了新的精神风貌。后来，在朋友的介绍下，她认识了一位同样离异的男士。这位男士身材高大，非常优秀，工作也很好，而且还有一套大房子呢。王洁对于这位男士特别满意，这位男士的很多客观条件甚至比她的前夫更好，想到自己能与这么优秀的人相伴一生，王洁对前夫的怨恨也就烟消云散了。

在相处了一段时间之后，这位男士告诉王洁他还有一个六岁的女儿。听到这位男士的话，王洁一开始有些疑虑，但是后来她转念一想：只要我能够把他的女儿当成自己的女儿对待，我就一定能够和小家伙相处得很好。这么想着，王洁甚至对男士提出："把你的女儿从前妻那里接回来吧，听说你的前妻也在恋爱，我们可以趁此机会与女儿培养感情啊！"

王洁说这番话的时候，正与这位男士度蜜月呢！新婚的丈夫听到王洁如此现解人意，特别感动。蜜月结束后，他就把孩子接到了自己和王洁的家里。前妻乐得清闲自在一段时间，正好可以和自己新的恋爱对象好好相处。让王洁万万没有想到的是，这个孩子的到来就像一个炸弹，把她原本甜蜜温馨的小家炸得鸡飞狗跳。六岁的女孩儿会有多大的杀伤力呢？这么说的人一定不知道六岁的女孩儿多么精明狡黠，又有多么邪恶。用邪恶来形容孩子可能有点过分，但是对于自己的后妈，孩子真的可以无所不用其极。

早晨起床，王洁发现卫生间的镜子被口红画得乱七八糟，那支口红可是蜜月期老公送给她的新婚礼物啊，她平时都舍不得用。她心疼得心都在滴血，却只能假装毫不在乎。晚餐的时候，趁她不注意，这个顽皮的家伙又在她的碗里放了大量的芥末酱，害得她一连串打了很多个喷嚏，出现了先兆流产现象。

王洁忍无可忍，她央求丈夫把女孩送回她的妈妈那里，和女儿相处得正愉快的丈夫却不同意。接下来，又发生了很多事情，让王洁和新婚丈夫之间刚刚建立的感情一点一点地土崩瓦解。最终，新婚丈夫在一次争吵之后对王洁说："我不可能因为你就放弃我的女儿，如果你不能接受她，那么就请你离开这里吧！"就这样，才结婚三个月，王洁就闪离了。

不得不说，王洁真的非常单纯，她误认为自己只要对那个小姑娘好，小姑娘就一定会对她好，她却没有想到这个小姑娘已经六岁了，她很清楚地知道离婚意味着什么。又因为亲身经历了父母离婚，她还很缺乏安全感，她可不允许一个陌生的女人霸占她和爸爸的家，所以她拼尽全力捍卫自己的家。显然，王洁低估了这个女孩的杀伤力。

其实，如果在婚姻破裂之后，孩子跟着对方生活，那么要想对孩子好是有很多方式的，如在孩子过生日或者是开学之际，为孩子提供更多的生活费，平日里经常与孩子见面，带孩子出去玩等，这些都能够增进与孩子之间的感情，而未必需要与孩子真正在一起生活。离婚的人原本就对孩子心存内疚，觉得自己婚姻的破裂给孩子带来了很大的伤害。在这种情况下，如果再被置身于孩子和新任丈夫或者妻子之间，被逼着不得不做出选择，那么他们内心的天平就会向着孩子倾斜。

重组家庭如果只是两个成人尚且还好平衡关系，如果各自都有孩子，那么这样的关系要想处理好就会非常难。最好不要让孩子成为第三者的角色，让孩子安安静静地生活，避免牵扯进大人之间的矛盾和争执，这是最为理想的状态。不管怎么样说重组家庭的家庭结构交往情况则更为复杂和微妙。夫妻之间相处，即使没有外人干扰，也常常会出现一些小摩擦，当多了一个有思想有主见、性格特立独行的孩子时，更是会掀起滔天巨浪。

最重要的是，不管是作为后妈，还是作为后爸，即使带领着千军万马，即使有着浑身的力气，也无法对这个孩子施展出来，毕竟他只是一个孩子呀！他占据弱势，他能得到所有人的同情，所以后妈后爸除了想方设

法与孩子搞好关系之外，即使受到了伤害，也只能打落牙齿往肚子里吞，也只能哑巴吃黄连有苦说不出。所以，不让孩子当"第三者"，也许才是最明智的选择。

接纳和认可自己的感受

每个人都是感受产生的主体，每个人都与感受进行着博弈，这场博弈的结果就是胜出者占据主导地位，控制对方。那么，到底是我们控制感受，还是感受控制我们呢？其实不必为这个问题过于纠结，因为这两种可能性都会发生。如果我们被感受控制，那么我们就会表现出行为冲动感性的特点；如果我们能够控制感受，那么我们就会变得理智稳重，能够控制好自己。显而易见，很多人都希望做到后面这一点，但是本能却往往驱使我们倾向于前者。

现实生活中，很多人都很容易被各种各样的情绪所控制，并且以此作为拙劣的借口来为自己的恶劣言行开脱。实际上，这只是因为我们不能主宰和驾驭感受。真正好的做法，应该是用心感受，倾听接纳，并且在感受中获得学习和成长，这样我们才能慎重地思考，谨慎地行事，即使在面对最困难的状况时，也依然能够权衡利弊，做出明智的选择。

在婚姻破裂之后，我们与对方一起拥有孩子。为了孩子，我们还会常常取得联系，那么如何才能给予孩子适度的爱，也给予孩子更好的帮助呢？这就需要我们正视自己的感受，并且能够掌控自己的感受。

和丈夫离婚之后，小米一直带着女儿生活。女儿非常依赖小米，离婚的时候女儿才3岁，在小米无微不至的照顾下，女儿渐渐长大了，现在已经步入了小学一年级，成为了一年级的小豆包。看着女儿小小的身影倔强地走向学校，小米感动得热泪盈眶，她知道自己的付出终于有了结果。

每隔一个周末，爸爸就会接女儿去住两天，这是小米与前夫约定好的。虽然她怨恨前夫婚内出轨给她带来了伤害，但是她知道自己不能剥夺

女儿享受父爱的权利。自从上了一年级之后，小米发现女儿与爸爸之间的关系发生了微妙的改变。原本女儿只要离开小米两天，就会非常想念小米，但是这一次，爸爸带她去了上海迪斯尼玩，所以小米周日晚上去接女儿的时候，女儿并没有像往常一样迫不及待地扑到小米的怀抱里，这让小米有些不安。

小米带着女儿回到家里，女儿第一时间就吃了一个大大的冰激凌。小米问起女儿在外面玩得是否开心，女儿也只是沉默地点点头。整个晚上虽然一切如常，但是小米却感觉怪怪的。终于到了洗完澡讲故事准备睡觉的时候，女儿迟疑地对小米说："妈妈，我想我很愿意和爸爸再住一个晚上。明天是周一，如果爸爸能送我去学校，那就太好了。"

听到女儿的话，小米的心猛地跳了一下，她不知道女儿为何会有这样的转变，她甚至第一时间就想打电话给前夫，质问他是否在女儿面前说了一些什么话。但是她抑制住了自己的这种冲动，她问女儿："你为什么会这么想呢？"女儿的眼眶红了，说："每天，班级里其他同学都有爸爸送他们上学，我却没有。有一次，班里有个同学说我没有爸爸，我想让他们知道我也有爸爸。"听到女儿的话，小米的眼眶也红了，她当即答应了女儿的请求，说："好的，妈妈这就送你去爸爸家里。不过，妈妈需要先跟爸爸通一个电话。如果爸爸不方便，我们就等下一次和爸爸见面的时候，再在爸爸那里过夜，让爸爸送你去学校，好不好？"小米不想女儿因为被拒绝而伤心。

女儿懂事地点点头，小米打电话和前夫说清楚情况，前夫当即对小米说："天黑了，你不要过来了，我会开车去接女儿的。你给她穿好衣服，准备好周一上学的东西。"很快，爸爸就风驰电掣地来到家里，女儿看到爸爸高兴极了，她开开心心地和小米告别。小米呢，心里却空空落落的，她想：也许，我就此失去了女儿。

事实证明小米的想法完全是多余的。因为在星期一傍晚放学的时候，女儿才刚刚走出校园，就扑到小米的怀里，给了小米一个大大的拥抱。后来，小米和一个好朋友说起这件事情，好朋友对小米说："你应该感到庆幸，女儿会把她真实的感受告诉你，这样你才知道她在想什么。孩子大了，你要学会和孩子分离，将来孩子会更有主见，选择如何度过她的每一天。"小米郑重地点点头，她知道好朋友说的是对的，而且经过这一次的事情，她也已经做好了准备迎接改变。

作为单亲妈妈，小米当然是非常敏感和焦虑的，她独自把女儿从三岁抚养到六岁，期间吃了很多苦，付出了很多艰辛。正是因为如此，在得知女儿想和爸爸度过周末，让爸爸送她上学的这个请求时，小米才会感到失落。然而，失落毕竟只是小米的感受，小米无法控制自己的感受，却可以决定自己如何处理这样的感受。如果采取消极的方式对待这样的感受，那么小米有可能做出冲动的举动；如果采取积极的方式来对待这样的感受，那么小米就有可能让事情变得更好。由此可见，最重要的在于在面对感受的时候能否保持理性，能否选择以积极的方式解决问题。

当情绪非常强烈的时候，我们要想处理好情绪，要想改变以习以为常的方式处理情绪，显然需要很强的自控力。最重要的是，有的时候我们明明已经非常努力了，却未必能够获得成功，但是我们依然要坚持去做，要尝试着做到最好。因为在与孩子相处的过程中，我们的言谈举止也会对孩子产生深远的影响，所以我们一定要处理好自己的感受，诚实地面对自己的感受。即使心中有很多负面情绪堆积，即使我们预见到事情的结果不会很好，我们也应该努力做到最好。父母只有以身示范，孩子才能在最艰难的时候绝不放弃，感受到父母的精神力量。

第04章

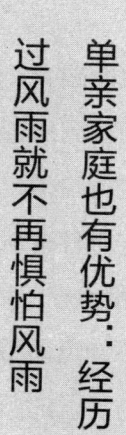

单亲家庭也有优势：经历过风雨就不再惧怕风雨

人人都渴望拥有幸福的家庭，人人都希望拥有优秀的伴侣，人人都盼望着拥有活泼可爱的孩子，然而，这只是我们对于生活单方面的憧憬和幻想而已。现实总是不如意的，正因为如此，人们才说人生不如意十之八九。面对人生中的各种坎坷挫折，我们总要坦然去面对，勇敢去接受，这样才能让自己变得更强大。婚姻的变故尽管是人生经历的最大变故之一，但是风雨过后就会出现彩虹，我们只有不再惧怕风雨，才能够变得坚强起来。

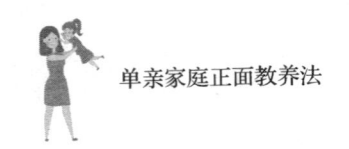

不经历风雨，怎能见彩虹

　　一个家庭的破裂，受到伤害最大的就是孩子。父母虽然也会因为婚姻关系的破裂而感到痛苦，但是他们毕竟都是成年人，有自己的思想，也会对各种关系进行权衡，还会考量利弊，最终才会做出选择。但是孩子却不同，他们对于整件事情的发生并没有心理上的准备，很多孩子往往是在毫无思想准备的情况下，被父母宣告了家庭终结的消息。这让他们陷入懵懂之中，甚至不知道离婚到底意味着什么，也不知道自己的生活究竟发生了怎样的变化。

　　父母在考虑离婚的时候，其实应该给予孩子心理上的缓冲时期。如果一直对孩子隐瞒得很严密，让孩子丝毫没有感受到父母要离婚的痕迹，此后又突然之间对孩子宣布离婚，孩子往往是很难接受的。明智的父母会告诉孩子，让他们知道自己的生活即将出现怎样的变化，从而帮助孩子在心理上做好准备，接受生活的改变。父母还会告诉孩子，父母对他们的爱不会变，这样孩子才更容易接受父母离婚的现状。当然，除了离婚导致的单亲家庭之外，还有的单亲家庭是因为夫妻之中有一方去世了，这样的情形带给孩子的打击是更大的，因为父母离婚，至少还可以看到另外一方，但是父母之中有人去世了，则意味着永远的分离。

　　对于孩子的一生而言，父母婚姻的变故都会给他们留下深刻的印象。但是一切的不幸终究都会过去，时间是最好的良药，在时间的流逝中，很多伤痛都会被治愈。孩子在成长，更要明白不经历风雨怎能见彩虹的道理。不管当时是感到痛苦无奈还是无法承受，孩子终究要接受这一切，也终究能够战胜这一切苦痛，熬过人生中最漫长难熬的阶段。

第04章　单亲家庭也有优势：经历过风雨就不再惧怕风雨

虽然已经读初二了，但是方圆还是记得在小学二年级时父母离婚的情景。那一天天气非常阴冷，没有太阳，天空雾蒙蒙的，仿佛飘散着毛毛细雨。因为突然得知父母离婚的消息，方圆就更觉得寒冷彻骨。虽然才是深秋，还没有到隆冬呢，她冻得浑身直打哆嗦，上下牙齿一直在碰撞。看到方圆这样的表现，奶奶特别担心，她还以为方圆魔怔了呢，接连地喊着方圆的名字。看到方圆毫无反应，她还狠狠地甩了方圆两巴掌，直到方圆哇一声哭了起来，奶奶才心疼地把方圆抱在怀里，对方圆说："哭吧哭吧，哭出来就好了。"

很多孩子在得知父母离婚的消息时都无所谓，是因为他们不知道离婚意味着什么。看到才上小学二年级的方圆有如此大的反应，奶奶心疼得无以复加。她总是念叨着："造孽呀，孩子这么懂事，父母却不懂事！"奶奶一直在撮合爸爸妈妈复合，希望他们能够给方圆一个完整的家，但是爸爸妈妈的性格都很刚强，他们谁也不愿意向谁低头，只要到一起就会吵架，最终他们认为还是分开更好。

方圆跟着爸爸生活。离婚之后，爸爸就外出打工了，把方圆丢给了奶奶。奶奶年老体衰，拿着爸爸留下的微薄生活费，与方圆勉强度日。有一段时间，奶奶生病了，方圆只好承担起照顾家庭的责任。每天早晨，方圆都早早起床，既要喂养家里的各种牲畜，给奶奶做早饭，还要帮助奶奶上厕所，然后才能去学校上学。这使她经常迟到。

老师在得知方圆的情况之后，非但没有批评方圆，还常常帮助方圆呢。就这样，方圆熬过了小学的漫长时光。后来，她上了初中，这个时候，奶奶已经去世了。虽然没有人照顾方圆了，而爸爸每个月都只会给方圆很少的生活费，但是从小就习惯精打细算的方圆，用少量的生活费把生活安排得井井有条。当老师看见方圆的时候，根本就没有想到乐观开朗的方圆居然是一个单亲家庭的孩子，而且还有着那么艰难的生活处境。

有一次，老师问方圆："方圆，生活那么艰难，你为何从来不抱怨，还这么开心呢？"方圆说："抱怨有什么用呢？爸爸妈妈离婚又不是我能左右的，即使他们现在离婚，我也无法改变什么。"听到方圆如此豁达的话，老师忍不住爱抚地摸了摸方圆的肩膀，对方圆说："是的，你只要做好自己该做的事情，好好学习，将来你一定会拥有幸福的人生。"

每个人都要在经历中成长，如果一个人没有任何经历，那么他的人生就将如一张白纸，也不会有任何收获。小小的孩子在经历父母离异的事情之后，也许当时懵懂无知，但是随着不断成长，他们终究会知道离婚意味着什么，单亲家庭又是什么意思。只要他们有坚强的内心，始终对人生充满希望，这一切就不会打倒他们，他们可以在风雨中奔跑，奔向更美好的未来。

在不幸的婚姻中，离婚是一种解脱；在幸福的婚姻中，离婚是一种无奈的选择。对于很多孩子而言，不管是跟着爸爸还是跟着妈妈生活，当爸爸妈妈再次组建新家庭的时候，他们就会成为这个家里多余的人，成为这个家不折不扣的"第三者"。然而，不管是幸运地遇到善良的新爸爸、新妈妈，还是不幸地遇到不好的新爸爸、新妈妈，孩子都要学会去面对，在必要的时候还要拿起武器来保护自己，捍卫自己的权利。正如一首歌唱的，不经历风雨怎能见彩虹，也许和父母一起接受婚姻的挫折就是孩子的命运吧。只有坦然面对，勇敢地承担，孩子才能茁壮地成长。

单亲家庭也能充满欢声笑语

对于离婚，很多人都存在误解。他们认为离婚了，就意味着在婚姻方面彻底失败了，实际上，换一个角度来看，离婚并不意味着彻底失败，而是意味着失败彻底结束了，拥有了一个可以重新开始的机会。乐观地看待，单亲家庭并不是残缺的家庭，单亲家庭也属于正常家庭的一种特殊形式。在单亲家庭中，幸福随时都有可能来敲门，所以单亲家庭随时随地都有可能再次获得幸福。

很多事情只要换一个角度去看，就能够拥有截然不同的感受。正因为如此，人们才会说心若改变，世界也随之改变。在以往的观念中，很多人只要说起单亲家庭的孩子，就会觉得他们是问题孩子的典型代表，如性格敏感，内向自卑，压抑孤僻，冷漠，对人满怀恶意，总是与人针锋相对等。有人经过调查发现，在犯罪的人之中，单亲家庭的孩子占据了很高的比例。实际上，心理学专家针对单亲家庭孩子的生活现状进行调查，发现很多单亲家庭也培养出了乐观开朗、积极向上、出类拔萃的孩子。

孩子是否健康健全、积极向上，并不取决于他们是生活在双亲家庭中，还是生活在单亲家庭中，而主要在于他们是否拥有良好的家庭环境，父母对他们的引导是否到位，父母是否能以良好的教育方法对他们开展教育。只要父母能够把以上这三点做好，不管孩子生活在什么样的家庭中，都能健康快乐，身心茁壮。

在多多两岁半的时候，爸爸和妈妈因为性格不合分手了。他们都是高级知识分子，都是大学教授，所以他们离婚的时候并不曾闹得沸沸扬扬，而是非常友好地协商，就像朋友一样约定一起抚养孩子，和平相处。

在小的时候，多多并不知道离婚意味着什么，他只知道爸爸从家里搬出去住了。他疑惑地问妈妈："爸爸为什么不住在家里了？"妈妈耐心地向他解释说："爸爸现在距离上班的地方太远了，他需要住得离上班的地方近一点，这样就不会那么累。"对于年幼的多多，妈妈还可以这么糊弄下去。但是随着一天天长大，多多对于妈妈的解释越来越质疑。有一次，多多回到家里问妈妈："你和爸爸是不是离婚了？"妈妈很惊讶，不知道是谁告诉了多多这件事情。多多对妈妈说："我知道不住在一起就是离婚了，我们班小雨的爸爸妈妈就离婚了，她的妈妈从家里搬走了。"听到多多话，妈妈认为多多长大了，也许是时候告诉多多真相了。

妈妈问多多："你在幼儿园里和小朋友一起玩的时候，如果你和小朋友总是吵架，一点儿都不开心，你还愿意跟他一起玩儿吗？"多多摇摇头，说："今天我就和小雨吵架了，我就不想跟他玩儿了。不过，也许过几天之后，我又会想和小雨一起玩儿了。那么等过了一段时间，你还会想跟爸爸在一起吗？"妈妈沉思了片刻，说："也许会，也许不会。如果我找到了一个新的伙伴儿，更喜欢和新伙伴儿在一起玩，我就不会再经常和爸爸在一起了。"多多若有所思地说："今天下午我一直和琪琪一起玩，我觉得琪琪比小雨有趣多了。妈妈，看来你们大人也和小孩子一样呀！"

在离婚之后，妈妈为了排遣心中的忧愁和寂寞，开始攻读博士。她一个人既要照顾多多，又要坚持学习，所以总是很忙。不过幸好多多爸爸经常来帮忙，有的时候妈妈实在忙不过来，爸爸就会把多多接走，或者是来家里陪伴多多。多多在妈妈和爸爸家里都有自己的房间，有很多漂亮的衣服和好玩的玩具，所以他不管在哪边生活，都觉得很开心。

上了小学之后，妈妈发现多多有了一个非常明显的改变，他以前最喜欢去小朋友家里串门，现在却只喜欢宅在家里，而且也很少邀请小朋友来家里玩。妈妈发现了多多的异常，所以询问多多为什么，多多对妈妈说：

"每个小朋友家里都有三个人，有爸爸、妈妈和小朋友，但是我家里只有两个人，所以我不想去别的小朋友家里，也不想让别的小朋友来我的家里。"听了多多的话，妈妈陷入了沉默。后来，她对多多说："多多，我已经和爸爸商量过了，想出了一个好办法。以后每个周六日的某一天，爸爸会回到家里跟我们一起过，如果你想邀请小朋友来家里玩，就在这一天邀请，好不好？"听到妈妈这个办法，多多高兴得蹦跳起来，他当即说："那我这周就邀请三个小朋友来家里玩。"妈妈做了精心的准备，多多和小朋友们都玩得非常开心。

夫妻之间一旦有了孩子，即使离婚也不可能断得干干净净，因为孩子会给夫妻带来千丝万缕的联系。明智的夫妻为了孩子会友好地分手，也会和平相处，即使彼此之间有一些磕磕绊绊，那么在次数有限的见面机会中，就要努力做到彼此尊重，融洽沟通。很多人误以为单亲家庭中一定鸡飞狗跳，水火不容，实际上单亲家庭也可以其乐融融，养育出快乐的孩子，也可以充满欢声笑语，让孩子感受到家庭的幸福与美满。

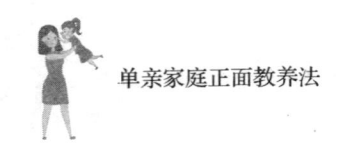

单亲家庭子女也能出类拔萃

单亲家庭存在不可否认的缺陷。然而，要想教育好孩子，要想让孩子出类拔萃，家庭的完整并不是唯一且必要的条件。即使是在单亲家庭中，孩子也可以形成健康的心理和人格，也同样能够出类拔萃。

对于孩子而言，家庭是至关重要的。新生命从呱呱坠地开始，就在家庭中成长。如果我们把孩子比作植物，孩子的成长就像植物的成长一样，也是需要阳光、雨露、土壤和空气等。同样的道理，在家庭生活中，父母的关爱就是阳光，是获得成长的养料。

在正常的双亲家庭中，父母因为教育孩子，往往会出现观念上的分歧，也会因此而导致矛盾。如果父母能够做到教育观念一致，那么就能形成强大的教育合力，从而集中力量对孩子尽早进行积极的影响，也能够让家庭教育取得良好的效果。如果恰恰与此相反，父母的教育观念不一致，所采取的教育方法也是相冲突的，那么他们非但不能培养出优秀的孩子，还会让孩子在父母的夹缝中艰难地生存，感到犹豫不决，不知道自己应该听从爸爸的，还是听从妈妈的。在单亲家庭中，这样的情况就不会发生，因为爸爸或者妈妈独自承担起了教育孩子的重任。虽然家庭教育不能搞一言堂，但是在家庭生活中，对于还没有自我意识和独立意识的孩子而言，爸爸妈妈的确会对孩子起到决定性的影响。

社会中，越来越多的人认识到家庭教育对孩子产生的重要作用，也认识到父母必须在孩子面前树立威信，才能对孩子言传身教。当然，在很多家庭，父母因为忙于工作，所以很少有时间与孩子沟通，这种情况在单亲家庭中有了很好的改变，因为单亲家庭中的爸爸或者妈妈会更加关注孩

子，也会寻找更多的机会与孩子交流，所以他们往往更了解孩子，也能与孩子之间建立更亲密无间的关系。

只要说起单亲家庭，很多人就会认为单亲家庭的孩子都是问题儿童，都会出现各种各样的身体和心理的问题。实际上，这种担忧完全是多余的。不管是单亲家庭还是双亲家庭，只有好的家庭才能养育出身心健康的孩子，才能培养出出类拔萃的孩子。在家庭中，爱和自由是父母给孩子的最好礼物。父母只有坚持爱和自由，才能教育好孩子。曾经有一个城市的妇联少儿机构进行调查，发现在单亲家庭之中，有20%的孩子在学校里都表现非常突出，品学兼优。这说明即使是在单亲家庭里，父母只要懂得教育，也擅长教育，就能为孩子营造良好的成长环境，也能保证孩子健康茁壮地成长。

每当父母离婚，人们就会对孩子报以同情的目光，他们觉得孩子从此失去了完整的家，也不再拥有圆满的爱。其实，这是对于离异的误解。对于孩子而言，悲剧并不是父母离婚本身这件事情，而是父母为了离婚而闹得鸡飞狗跳、鸡犬不宁。如果父母能够平和顺利地离婚，那么他们不是结束了失败的婚姻，而是各自都有了崭新的开始。由此可见，父母要想降低离婚对于孩子的负面影响，就要在离婚的时候尊重对方，平等友善地与对方沟通。给孩子树立好的榜样，让孩子知道爸爸妈妈尽管不在一起生活了，却依然互相关心，彼此关爱，也能爱着他们共同的孩子，这样孩子才能获得安全感。

在办理离婚手续之后，不管是爸爸还是妈妈负责抚养孩子，都要振作起精神，切勿当着孩子的面做出颓废沮丧的举动，对孩子形成负面影响。在这个地球上，没有谁离了谁是活不了，所以单亲父母要主宰自己的命运，鼓起勇气重新开始生活。虽然作为单亲父母抚养孩子需要付出加倍的努力和辛苦，但是这并不是不可能做到的。只要用心，只要始终积极向上，父母就能够把孩子培养成才。

　　不可否认，父母离异对于孩子而言是生活中的不幸，而且也会给家庭教育带来很多难题，但是这种不幸并不会把孩子彻底打倒，也不会让孩子从此走入人生的歧途。父母是否离异，与孩子的前途命运之间并没有必然的联系，只要父母能够端正心态，积极地面对婚姻的现状，对孩子加以引导和教育，孩子就能快乐成长。

　　在婚姻结束之后，单亲父母应该一如既往地关心和爱护孩子，否则孩子就会觉得自己被抛弃了，因而产生自暴自弃的不良心态。很多心理学家的研究都证实了孩子在面对父母离婚的消息时往往会出现心理失衡、行为偏差、学习落后的情况，所以他们才会因此而受到负面影响。由此可见，只要父母端正心态，采取正确的教育方式，孩子就会健康茁壮地成长，出类拔萃。

单亲家庭的孩子也能成才

古今中外,很多单亲家庭的孩子都做出了杰出的成就,在历史上留下了自己的鼎鼎大名。这些孩子成长于单亲家庭,原本会面临很多成长的障碍,他们又为什么能够从单亲家庭走出来,获得很多人都羡慕不已的成功呢?究其原因是,因为他们身后都有一位伟大的母亲,为了抚养他们成长,母亲付出了爱心,付出了耐心,而且付出了所有的努力,为他们营造了充满爱与自由的环境。即使在若干年后回想起自己小时候的成长经历,他们也会说母亲是他们精神的支柱,正是母亲亲手缔造了他们的成功人生。

高尔基说,即使连母鸡也会爱自己的孩子,但是如何去爱孩子,爱孩子到什么程度,以什么样的方式去爱孩子,这些都是需要慎重思考才能决定的。和很多爸爸在离婚的时候希望回归自由的生活相比,妈妈往往更舍不得孩子。所以在很多单亲家庭里,都是由妈妈负责抚养孩子,而爸爸则在每个月付出一定的抚养费,或者定时陪伴孩子短暂的时间。

很多母亲为了给孩子一个完整的家,会在婚姻中选择委曲求全,哪怕她们生活得并不快乐,也认为这不是自己想要的生活,但是她们却会继续隐忍,能够恒久地忍耐不幸的婚姻。实际上,如果只是为了给孩子一个完整的家,就这样委屈自己,甚至导致孩子也受到不幸婚姻的伤害,就是完全没有必要的。既然认识到一段婚姻是错误的,彼此在一起并不能感到快乐,那么就要尽快结束这样的互相捆绑与互相制约。

如果孩子可以选择,他们宁愿在一个快乐的单亲家庭中生活,也不愿意在一个不快乐的完整家庭中生活。父母尤其要认识到一点,那就是婚姻

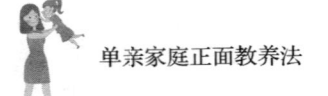

完整并不能决定孩子是否成才。曾经有美国的社会学家们进行过调查，得出了一个结论，说父母的素质是影响孩子的真正因素，而不是父母的婚姻状况。父母为了孩子而勉强维持婚姻，实际上会给孩子造成更大的伤害。由此可见，当感受到婚姻的不幸，理性地结束婚姻是更为明智的选择。

单亲妈妈不要担心孩子失去了完整的家庭，就不能成才，妈妈只要自己积极向上，成为孩子的精神支柱，就能够缔造孩子的成功。其实，不仅妈妈可以做到这一点，爸爸同样可以做到这一点。在爸爸承担监护人的单亲家庭中，爸爸要乐观开朗，勤奋踏实，要接受自己的现状，毫不懈怠地努力奋斗，这样孩子就会感受到爸爸的力量，也在与爸爸相处的过程中，耳濡目染地受到爸爸的影响，越来越成熟懂事。

不管是爸爸还是妈妈，都要记住这一点，那就是孩子并不需要父母貌合神离、同床异梦的婚姻，孩子不希望被父母当成包袱和累赘。如果可以选择，他们宁愿和真心爱他们的妈妈或者爸爸生活在一起，他们宁愿家庭破碎，也想要享受安宁幸福，也想要拥有能够获得安全感的生活。

2004年11月11日，两个男孩偷偷地爬到航班上，想要和飞机一起飞行。飞机起飞后没过多长时间，一个15岁的小男孩就从起落架舱中不慎滑落坠亡。另一个男孩跟随飞机抵达了重庆江北机场，机务人员发现了这个男孩之后，马上对他进行了救治，并且展开了调查。很快就有报纸以两个男孩都是单亲流浪为标题，发表了关于这件事情的新闻报道。他们也是听到男孩自称是单亲流浪，才拟定了这样的标题。后来，事实证明，这个幸存的男孩有父有母，来自正常的双亲家庭。

很多人都认为，只有单亲家庭的孩子才会成为问题儿童。甚至孩子在爬飞机之后，也在潜意识的驱使下，以此为借口为自己开脱免责。当父母和孩子，以及社会上的很多人都形成了共识，不约而同地统一认为单亲家庭的孩子容易出现各种各样的问题时，单亲家庭就不得不为孩子出现的各

种问题而背锅。实际上，事实并非如此。

心理学家经过研究发现，在单亲家庭中，孩子的确会因为家庭教育的不完整而出现各种问题，但是只要他们能够避开劣势，发挥优势，他们反而是更容易成才的。一些研究表明虽然在所有的问题少年中，有一些来自单亲家庭，但是也有很大部分来自正常的双亲家庭。在双亲家庭中，因为父母的溺爱和无限度的纵容，孩子们才会失去行为的边界，走上了犯罪的道路。

在看待双亲家庭教育和单亲家庭教育的时候，我们不应该以偏概全，应该看到和单亲家庭的教育相比，溺爱的家庭会导致更严重的教育问题，因而要更关注父母溺爱对孩子造成的负面影响。与此同时，我们也要看到，单亲家庭的教育情况既会对孩子产生消极影响，也会对孩子产生积极影响，并且这种积极的影响将会在某种程度上决定孩子的成长和成才。

在中国历史上，很多伟大的人物都出自单亲家庭，如孔子、孟子等。在西方国家，有35%的诺贝尔奖获得者来自单亲家庭，美国和英国都有超过一半的重要领导人出自单亲家庭，如英国的丘吉尔，美国的林肯、克林顿等国家首脑人物都出自单亲家庭。

具体来说，单亲家庭为何更容易培养孩子成才呢？

首先，在单亲家庭中，父母忙于生计，没有那么多时间把孩子照顾得无微不至，所以孩子就不得不独立处理很多事情。事实证实，在此过程中，他们得到了历练，性格越来越独立，独立能力也越来越强。

其次，在单亲家庭中，孩子往往会看到父母承受很多的坎坷和挫折。当他们目睹父母从坎坷和挫折中站了起来，坚持不懈地努力，最终获得了成功，他们就能更深刻地理解失败孕育成功这个道理。

再次，单亲家庭与双亲家庭在家庭结构方面是有巨大差别的，孩子虽然小，但是他们非常敏感，也会看到这种差别，还会因此而承受他人的负

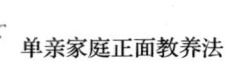

面评价。在承受这一切的时候，他们看待事物的能力会越来越强，也能深入分析各种问题。

最后，单亲家庭的经济条件通常都很普通，所以孩子往往需要帮助父母分担一些生活的艰难，也要更加节俭，给父母更多的照顾。看似孩子在此过程中付出了很多，也感受到生活的艰辛，实际上他们得到了历练，也获得了成长。

总而言之，凡事都有两面性，单亲家庭有单亲家庭的残缺与残酷，也有优点与美好。只要孩子能够怀着积极的心态面对这些事情，父母也给予孩子很好的引导和帮助，那么孩子就会从家庭生活中获得更多的收获，也真正地成长起来。

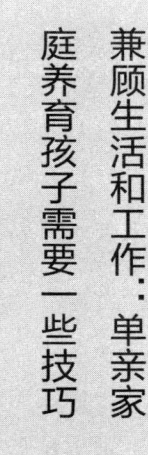

第05章 兼顾生活和工作：单亲家庭养育孩子需要一些技巧

作为一名单亲爸爸或者是妈妈，在从双亲生活进入单亲生活的最初，一定会感到手忙脚乱，这是因为所有的家务、工作、照顾孩子、赡养老人等等重任，突然之间都压在了自己一个人身上，时间和精力难免会显得不济。正因为如此，平衡生活的艺术对单亲父母而言就显得尤为重要。生活是琐碎的，每个人每天都有很多事情需要去做。与其抱怨没有时间，不如切实地掌握一些技巧，这样单亲父母在养育孩子的同时，才能兼顾生活与工作，而且找到自己的节奏和规律，从而得心应手、从容不迫地应对生活。

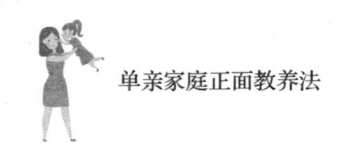

分清楚轻重缓急

在正常的双亲家庭里，夫妻之间只要能够维持好婚姻的关系，那么面对家庭生活中各种各样烦琐的事情，他们总是可以互相分担的。但是这样的情况在单亲家庭里却变得截然不同，这是因为单亲家庭里只有爸爸或者是妈妈，一个人要想维持整个家庭的正常运转，要想照顾和教育好孩子，往往是更加困难的。但是这并非完全不可能实现。在单亲家庭生活中，虽然很多事情都需要一个人去做，只是这样想就会让人感到特别担忧，但是当真正竭尽全力去做的时候，也努力地整理好这些事情的顺序，就能在保证效率的情况下把事情做好。单亲父母掌握了这个技巧，就会发现很多事情其实并没有想象中的那么难。

生活中总是有各种各样的琐事，还有一些突发状况，这些事情有可能是非常严重的，会导致让人无法承受的后果，而有些事情却是无关紧要的，并不那么重要，而且也并不紧急。在这样的情况下，如何从千头万绪的事情中整理出顺序，分清楚事情的轻重缓急，就是非常重要的。当我们能够保证自己始终在做最重要最紧急的事情，那些无关紧要的事情哪怕晚一些做也没有关系，我们的心里就会感到更加轻松，也就不会因为急躁而歇斯底里。

除了一些琐事会让单亲爸爸或者妈妈感到焦虑之外，在经历了一整天紧张忙碌的生活之后，因为面对着空荡荡的房子，面对着酣然入睡的孩子，面对着寂寞的空气，单亲父母可能会觉得更加焦虑，也会觉得自己仿佛被整个世界孤立了。产生这样的感情是合情合理的，无需为此而沮丧焦虑，因为单身不会是永远的。只要愿意，每个人都可以重新开始自己的生活，虽然生活并不像我们在进入第一次婚姻之前那么美好，但是我们也依然要心怀希望。人生从来没有回头路可走，抱怨只是徒劳的，幻想着自己能够回到从前只会徒增烦恼，还不如积极地调整好自己的心态，让自己有更美好的未来。

作为单亲父母，要调整好心态，从容地面对这一切，这样才能在面对千头万绪的事情时，在承受压力的同时，保持理智的思考，从而知道哪些事情是最重要且最紧急的，优先去做这些事情。如果我们始终都在做最重要且最紧急的事情，那么就意味着我们暂时搁置的那些事情无需急于完成。也有一些单亲父母会把生活的节奏把控得很好，他们把事情做得非常完满，自己对于一切都感到很满意，这使他们心情愉悦。尤其是在把孩子也照顾得很好的情况下，他们就会获得更大的成就感。

只要我们能在心里分清楚事情的轻重缓急，也能在实际操作的过程中始终保证自己在做最重要且最紧急的事情，那么我们的家庭就可以像正常家庭一样高效运转，而且乐趣满满。在父母这样的言传身教之下，孩子也会成长得非常快乐，他们并不会因为自己生活在单亲家庭里，就觉得自己的生活与众不同，也不会因为自己只有爸爸或者是妈妈的陪伴而感到自卑。

现代社会中，有太多的人都抱怨没有时间。正如富兰克林所说的，时间就是金钱。然而虽然大家都知道这个道理，却很少有人能够像重视金钱那样重视时间。尤其是在大城市里，没有钱寸步难行，所以大多数人都能够谨慎小心地安排有限的金钱，却很少有人会周密地计划如何像消费金钱那样精打细算地利用时间。生活往往是紧张而又忙碌的，有些人在紧张忙碌之余能够得到一些收获，而有些人虽然一整天都在瞎忙，等到晚上满身疲惫地躺在床上的时候，他们才意识到自己在这一天的时间里什么都没有做成，更没有收获，这简直太糟糕了。

根据重要紧急的程度,我们可以把事情分为四大类:第一类是重要且紧急的事情,这种事情必须第一时间完成,并且要努力做好;第二类是紧急但不重要的事情,事情虽然不重要,但是却很紧急,如果不处理就会引起一些严重的后果,或者给我们带来很多麻烦,那么要先处理好这些事情;第三类是重要但不紧急的事情,我们应该划分出大段的时间专心致志地完成这些事情,因为这些事情很重要,如果不能保质保量地完成,同样会给我们引起很多麻烦,但是这些事情并不紧急,所以我们无需仓促地挤出时间完成,而是可以有规划有目的地去做;最后一类是不重要也不紧急的事情,显而易见,对于这些事情,我们如果有时间就去做,如果没有时间,那么可以选择暂时不做,或者是彻底放弃。这些事情既然对生活无关紧要,也不会起到什么影响,那么我们为何不把时间花在更重要的地方呢?俗话说,好钢用在刀刃上,时间是非常宝贵的,我们要把时间用在必须用的地方,才能提升生活的品质。

当然,重要与紧急的标准并没有一定之规,同样一件事情对于有的人来说也许很重要,对于有些人来说也许并不重要,所以我们要学会区分,要根据自身的情况去界定。单亲父母要平衡时间,就必须做到对这些事情有清楚明晰的判断。在进行这样的分类之后,很多父母会发现实际上他们把大量的时间都用于做那些并不重要也不紧急的事情。例如,有些父母很喜欢看电视,他们会用整个晚上坐在电视机前,宁愿陪伴冗长无聊的电视剧,也不愿意把这些时间用来陪伴孩子,而往往打发孩子去玩各种电子产品。实际上,这是本末倒置的。孩子经常玩电子产品会损害视力,也会影响智力发育。父母看一个小时的电视和看三个小时的电视除了会得到更多的休息娱乐之外,并没有太大的区别。反而在单亲家庭中,父母更应该做的是陪伴孩子,因为这对孩子的身心成长都至关重要。

在单亲家庭生活中,父母还应该学会调整生活的节奏,调整对生活的

要求。很多父母对于生活会有不切实际的期望，例如有一些妈妈有轻微的洁癖，她们希望自己家的地板始终一尘不染，希望自己家的床单枕套始终没有任何皱纹，她们希望每天晚上都可以做好晚饭摆放在桌子上，并且能够把自己洗得干净清爽再与孩子一起享用晚餐。的确，这是一种非常美好的生活状态。然而，除了在影视剧中能始终保持这样的生活状态之外，在现实生活中，很多家庭都难以做到这一点。毕竟时间是有限的，我们不可能每天都花费一个小时去打理地板，把床被铺得一丝不苟，也不可能每天都提前做好晚饭，等到洗完澡再去优雅地吃晚饭。生活有的时候并不像水中花镜中月那样充满了虚无缥缈的浪漫，而是充满了烟火气息，是实实在在地凌乱和慌张着，这正是生活的常态。所以适度降低对生活的要求，放弃那些不切实际的期望，地板脏一些也没有关系，我们可以选择每一周拖地一次，而在平时的日子里，用吸尘器快速地清洁地面上的毛发等，这样也能保持最基本的干净清爽。如果不喜欢做饭的油烟味，为何不等到吃完饭之后再去洗澡，然后让自己干净清爽地躺在舒适的床上呢？家里的很多玩具也未必都要整理得整整齐齐，可以给孩子买几个玩具箱，让孩子自己负责对玩具进行分类和整理，把箱子一盖，就看不见凌乱的玩具了。但是因为不同款式的玩具都在相应的箱子里，所以能保持基本的整齐。这些有效的家务收纳法能够有效降低单亲父母对生活的焦虑感，提升他们的幸福指数。

为了准确地区分轻重缓急，我们每天都可以提前把当天所有要完成的任务列举下来，从而保证每时每刻都在做那些所剩下的任务中最重要且紧急的事情。对于那些突然发生的紧急问题，我们应该当即处理，从而让问题得到最好的解决。

要想建立一个家，要想维持干净美好整洁有序的家，最重要的是什么呢？我们只有对这个问题有准确的答案，才能做得更好。在很多情况下，我们如何分配和利用自己的时间，往往意味着我们在生活中最看重什么。例如，对于一个有洁癖的人，他认为每天花一个多小时打扫卫生，把家收拾得干净清爽是很重要的，那么他就会心甘情愿地花费时间。有些人比较看重饮食，他认为每天花两个小时为家人做饭是很值得的，那么他就会在做饭上分配更多的时间，花费更多的精力。但是一个人的时间和精力毕竟不是有限的，所以我们不可能面面俱到做得更好，我们可以规划好自己的生活，让自己的思维变得更加明晰。必要的时候，我们也可以求助于身边的人，让他们适度帮忙，例如爷爷奶奶可以在必要的时候来顶替自己半天，让我们给自己放个假。这样短暂的休息，对于我们保持良好的状态是非常有好处的。

总而言之，虽然生活不是浪漫的风花雪月，但是生活也不是硝烟弥漫的战争。我们既不要对生活怀有不切实际的幻想，也不要认为生活就是一地鸡毛，只要我们能够协调好各种关系，让生活保持平衡，生活就可以秩序井然，令人欢欣愉悦。

你与孩子的排序

很多父母在婚姻破裂之后，面对孩子时心里总是有一些愧疚，他们觉得是因为自己没有经营好婚姻，是因为自己犯了错误，或者是因为自己没有维持整个家庭的完整，所以才使孩子变成了单亲家庭的孩子。出于这样的愧疚心理，他们总是想要弥补孩子，尤其是作为妈妈，对孩子的爱是非常浓烈的，她们甚至会在婚姻破碎之后，把所有的希望都寄托在孩子身上，把所有的时间和精力都投入到孩子身上。这样一来，无形中就给了孩子巨大的压力。有一些父母望子成龙，望女成凤，迫不及待地希望孩子成为有出息的人，所以对孩子提出了过高的期望和要求，导致亲子关系紧张。

在单亲家庭生活中，尽管家庭生活里也许只有爸爸或者妈妈与孩子两个人，但是却同样需要排序。很多父母在对自己和孩子进行排序的时候，都排错了顺序。如果你曾经买过保险，那么你就会知道有经验的保险推销员会告诉你先不要急于为孩子购买保险，而是要先给自己购买保险。这是为什么呢？难道孩子不应该排在第一位吗？这是因为孩子即使有保险，如果父母出现了意外，他们也没有办法照顾好自己。反之，在一个家庭里，只有父母健健康康、平平安安，才能保障孩子健康快乐地成长。在家庭生活中的排序也同样是这个道理，我们更应该关注自己，只有我们生活得好了，我们始终保持愉悦的情绪，孩子才会拥有良好的家庭环境。

父母要避免给孩子过大的压力，也为了让孩子能够健康快乐地成长，在与孩子一起生活的过程中，父母还应该优先考虑自己，这样才能保持整个家庭生态系统的正常运转。这不应该是一种偶然的状态，而应该作为常态。每一天，我们都要留出时间独处，滋养自己的心灵和身体；每一天，我们即使再忙碌，也要对着镜子里的自己微笑。如果觉得太累了，我们可以给自己放个假，例如把孩子送到爷爷奶奶或者姥姥姥爷家生活一天，让自己彻底地放松一天，做一个心灵的spa，这对于我们更好地维持单亲家庭生活的平衡和正常运转是有帮助的。

作为单亲父母，不管多么努力，都不可能让生活的各个方面都完美无瑕。如果感到情绪很容易焦虑，或者是身体很疲惫，甚至是觉得自己无力继续照顾孩子，那么一定要引起重视，及时地给自己安排时间，充分休息。

古诗云，不识庐山真面目，只缘身在此山中。很多时候，我们每日忙忙碌碌，生活在自己的局限里，对于生活并没有清醒的认知，对自己和孩子也没有进行正确的排序。在意识到这一点之后，我们要选择正确的顺序，合理安排有限的时间和精力，也要学会拒绝那些不必要的消耗，从而让自己保持更好的状态，投入生活和工作之中。

已经到了冬天，天寒地冻，但是才3岁的琪琪每天从幼儿园回来的时候，浑身都脏兮兮的。妈妈几次三番地提醒琪琪在幼儿园里一定要爱干净讲卫生，这样可以隔几天再洗一次衣服，但是不管妈妈怎么叮嘱，琪琪都依然如故。有一天，妈妈给琪琪穿了一件新的粉色羽绒服去幼儿园。妈妈在出门的时候对琪琪千叮咛万嘱咐："这可是你的生日礼物，是你自己挑选的最漂亮的公主羽绒服，你可不要把它弄脏啊！我们这次穿三天再洗，好不好？因为如果总是清洗羽绒服，羽绒服就会被洗坏，就不暖和了。"琪琪对妈妈的话似懂非懂，又毫不迟疑地点了点头。

傍晚接琪琪的时候，妈妈满怀期待出门了，她一直等待着看琪琪的表现，结果琪琪刚刚看到妈妈就猛地飞扑过来，妈妈崩溃地发现，琪琪这件心爱的羽绒服前面画了很多彩笔的印子。原来，幼儿园里下午画画了，琪

第05章 兼顾生活和工作：单亲家庭养育孩子需要一些技巧

琪最喜欢画画，就画得不亦乐乎，不小心把水彩笔都弄到衣服上了。妈妈气得对琪琪大吼道："你没长耳朵吗？我是怎么跟你说的？你看看这件新绒服才穿了一天的时间，就被你弄成了这个鬼样子！"琪琪不知所以，被妈妈吼得哇哇大哭。这个时候，旁边的家长安抚琪琪妈妈："孩子都是这样的，他们可不管衣服是好还是坏，是新还是旧，他们只顾着玩得痛快。我们家孩子每天都这样。"琪琪妈妈懊恼说："我一个人带着她，每天都累得不得了，但是天天晚上都要给她洗澡洗衣服。现在天气这么冷，衣服又不容易干，哪怕一件衣服能穿两三天，也比一天一洗要好呀！"那位家长说："其实这个羽绒服没有必要一天一洗，那得多少件羽绒服才能换得过来呢？可以三天一洗，甚至可以每周换一次。我们家虽然衣服也脏，但是我不会天天给他洗，因为即使洗了，也只能保持到学校来的这一会儿是干净的，我们一眼瞅不着，孩子在学校里就把自己弄脏了。这个衣服也只是外面脏了，里面还是很干净的，我建议你可以等三天试试。"

琪琪妈妈为难地看着这位家长，原来她还有些小洁癖呢，不能忍受琪琪穿着脏兮兮的衣服。听到琪琪妈妈的倾诉，这位家长笑起来说："其实不是孩子不能接受，是你自己心里有坎。你只要试一次，把这件衣服穿三天也没有关系，这样你的压力就会小很多。"在这位家长的引导下，琪琪妈妈真的决定等到三天以后再洗这件羽绒服。果然，第二天她接琪琪的时候，发现琪琪的衣服还和昨天一样，并没有变得更糟。第三天依然如此。就这样，妈妈三天也没有给琪琪清洗羽绒服，而是一直等到周五放学之后带着琪琪回到家里，妈妈才把琪琪的羽绒服脱下来清洗了。她恍然大悟：原来衣服洗得再干净，对于年幼的孩子来说，也只能在上学的路上保持干净，进了幼儿园就会弄脏。但是这样所谓的脏并不是真正的脏，而是沾染上彩笔等等，那么继续穿着这样的衣服也并没有太大的影响，还能够延长羽绒服的使用寿命，最重要的是还能节省时间呢。琪琪妈妈现在从每天洗一次衣服，变成了三天洗一次衣服，这样一来，她每周都有两个晚上可以安安心心地看书了，或者陪着琪琪讲故事了，她觉得心情好多了。

父母不应该把自己生活的重心完全都放在孩子身上，而是要给自己留出时间，让自己更好地感受生活。当我们对生活的兴趣非常广泛，不仅局限于孩子身上的时候，我们就更容易保持内心的平衡。就像事例中琪琪的妈妈，她一开始只盯着琪琪的衣服，因而对此特别抓狂。当她意识到原来衣服不是每天清洗也没有关系的时候，她渐渐地就能够放下这件事情，并且有更多的时间来做自己喜欢的事，让自己得到放松和休憩。妈妈的状态好了，琪琪的生活环境也就会更好。如果年幼的琪琪可以做出选择，她一定会选择要一个快乐的妈妈，而不会选择每天都穿纤尘不染的衣服去幼儿园。

不可否认的是，单亲家庭生活中的确有很多琐碎的事情需要做，我们不应该被这些事情搞得焦头烂额，而是要协调好这些事情的关系，从而才能让这些事情变得更有秩序。那么，要想协调好这些事情的关系，我们就要把自己与孩子进行正确的排序，要优先考虑自己，因为只有我们才是孩子最大的保障。

离开父母，孩子会如何

父母养育孩子是很劳心费力的，当父母无暇顾及孩子的时候，不管是出去忙于工作，还是出去度过属于自己的时间，父母都无法放心地离开孩子。尤其是有些孩子还不具备独立生存的能力，因而父母往往不得不提心吊胆地去做一些事情。那么，离开父母之后，孩子到底会怎么样呢？很多父母一旦离开孩子的身边，心里马上就会开始胡思乱想，他们期盼着离开孩子，又无法离开孩子，因为只要看不见孩子，他们就会非常担心。

在这种情况下，如果家里有老人帮忙带养孩子，那么父母还是可以放心离开短暂时间的。但是如果没有可靠的人可以托付孩子，父母就几乎不能与孩子分离。幸运的是，如果有可靠的保姆，非常善良，对孩子也负责，那么这是一个好的解决方案。当然，如果在自家附近也有这样的单亲家庭，那么可以和其他家庭组成互助小组，互相帮助。

每当因为不得不离开孩子而感到紧张的时候，父母们最大的心愿就是希望孩子快快长大，可以独自留在家里。但是现实却告诉我们，把孩子独自留在家里是非常危险的，很多人都看过美国影片《小鬼当家》，对于《小鬼当家》中那个古灵精怪的孩子超强的独立能力和自理能力，他们都感到非常羡慕。尽管心有不甘，可是父母依然希望着有朝一日可以把孩子独自留在家里，但是如何才能保证孩子不会因此而受到伤害呢？这是每一个父母都不敢冒险去尝试的主要原因。

一个孩子能否独自留在家里，需要判断很多方面的因素。年龄对于孩子而言并不是他们可以留在家里的硬性标准。当然，对于学龄前的孩子或者是幼儿来说，永远不要把他们独自留在家里，否则他们就很有可能置身

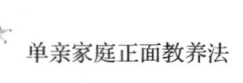

于危险之中。那么，当孩子具备了基本的自理能力时，要想把孩子留在家里，就要判断其他方面的因素。

当然，父母是最了解孩子的人，知道孩子能否独立生活，也知道孩子能否在短时间内照顾好自己。如果父母对此都惴惴不安，心存疑虑，那就不要离开孩子，或者即使短暂离开，也要尽快回来。在暑假中，因为孩子不去幼儿园，也不需要上学，所以发生了好几起坠楼事件。为何每当孩子留在家里的时候，就会发生这样的事情呢？其实就是因为照顾孩子的人分身乏术，把孩子独自留在家里，使孩子缺乏监管。

除去这些因素，在确保孩子安全的情况下，把孩子留在家里还需要做哪些保障呢？首先，要为孩子提供一个安全舒适的环境。孩子毕竟还小，对于他们而言，独自面对一个空荡荡的房子是非常可怕的，尤其是如果此时户外的环境很恶劣，刮风下雨，发出各种各样的声响，那么孩子就会特别恐惧。

除了要保证家里的环境非常安全，不会引起孩子的恐惧之外，尽量不要多个孩子一起留在家里，让孩子照顾孩子原本就是不负责任的做法。如果孩子之间发生矛盾和冲突，那么孩子还不如独处更安全呢。例如，我们让6岁的孩子暂时留在家里。如果孩子可以照顾好自己，那么他是相对安全的。在这种情况下，如果家里还有一个13岁的孩子，和这个6岁的孩子发生了矛盾，那么6岁的孩子就有可能陷入危险之中。

当然，不管多么面面俱到，在把孩子独自留在家里之前，父母都要与孩子进行沟通，告诉孩子一旦发生了预期之外的事情，应该如何去解决和处理。生活中随时都有可能发生意外，而孩子的人生经验还很匮乏，他们无法做出准确的判断，也不能第一时间做出最好的解决方案。例如孩子独自在家的时候突然响起了敲门声，或者有电话打过来要找父母，这些情况孩子能处理吗？在很多老旧的居民区，还有可能存在线路老化的情况，比如突然之间家里起火，如果孩子不能随机应变，就会导致非常严重的后果。

有一些父母会认为，只要对孩子尽到告知的义务就可以，实际上孩子还没有独立的行为能力，即使对孩子尽到了告知的义务，也不代表孩子一定能做到。因而父母要尽量为孩子创造安全的环境，这才是对孩子负责任的表现。

在把孩子独自留在家里之前，父母就要有意识地与孩子之间达成默契，也要培养孩子的规则意识。如果孩子能够做到遵守规则，那么在独处的时候，他们就更能够保证自身的安全。虽然每个父母都知道把孩子都在留在家里是很危险的，但是当工作与照顾孩子之间发生冲突的时候，他们非常努力地想要为孩子提供更好的生存条件，难免会有顾此失彼的感觉。有一些父母虽然对孩子独自在家不放心，却怀有侥幸心理，他们认为把孩子留在家里短暂的时间应该不会出问题。前段时间，网络上报道了一个年幼的孩子坠楼，就是因为奶奶趁着孩子在睡觉，下楼十几分钟去买菜，悲剧恰恰就在这十几分钟里发生了。很多孩子之所以发生意外，是因为作为他们的监护人或者照顾者，没有预料到有可能发生的危险，只有面面俱到地考虑孩子的安全问题，我们才能真正保证孩子的安全。

每个孩子都是非常宝贵的，都是不可失去也不可替代的，所以我们一定要给孩子提供全方位的保护，避免把孩子置身于危险之中，让孩子健康快乐地成长。

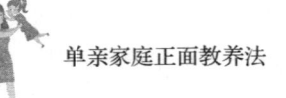

生活与工作的平衡

所有人都需要平衡生活与工作的关系，尤其是对那些已经有家的人而言，在生活中需要考虑和照顾的人会更多，所以平衡生活与工作的关系显得更加困难。很多已经当了爸爸妈妈的人都会感慨地说："还是单身的生活好，一人吃饱全家不饿，在工作上也可以拼尽全力，而无需顾忌太多。"的确如此，和成家立业的状态相比，单身状态是更加无牵无挂的，然而人总要长大，人总要成家，人总要承担生活中的很多压力。在这样的情况下，我们不应该抱怨，而应该努力地达到平衡，维持平衡，保持生活正常运转，这才是最重要的。

前面说过，单亲家庭面临着很大的经济压力，毕竟原本有爸爸妈妈两个人挣钱供养孩子，现在却因为婚姻破裂而只有一个人挣钱养育孩子，另外一个不承担监护人的爸爸或者是妈妈只会付出一定的抚养费。所以作为孩子监护人的单亲父母往往就会感到压力山大，在这种情况下，他们既要努力赚钱，为孩子提供更好的生活条件，又要考虑到照顾孩子的问题，往往感到分身乏术。那么，如何平衡好生活与工作的关系？如何能够在工作之余，打理好生活，给予孩子更好的照顾和更多的陪伴呢？这是单亲父母面对的一个重要问题。

有些单亲父母迫于生计不得不外出努力地工作，为此他们会把孩子交给老人代养，或者是把孩子送到托管班。实际上，不管是隔代人代养孩子，还是让托管班负责代养孩子，都不如爸爸妈妈亲自陪伴孩子更好。毕竟要想养育出一个健康快乐的孩子，需要付出大量的时间和精力。在陪伴孩子的过程中，父母还可以与孩子多多沟通和交流，了解孩子内心真实的想法。不过父母不管是把孩子送到托管班，还是把孩子交给老人代养，亦或者是把孩子放在自己的身边，父母的心态如果是很积极的，也相信孩子能够成长得很好，那么孩子就会感受到父母的情绪，快乐地成长。反之，如果父母对于自己的选择非常愧疚，也总觉得自己对不起孩子，那么父母的心态就会影响孩子，使孩子也感到惴惴不安。

不管是在正常家庭中的父母还是单亲父母，所有的父母都应该做出自己认为最好的决定，这样才是对孩子负责任。如果我们觉得把孩子交给老人代养也可以，然后自己尽量找时间弥补孩子，那当然是可行的；如果我们觉得可以带着孩子一起工作，让孩子在自己工作的时候看看书，或者是玩玩具，这样也并没有太大的影响，只要老板或者上司没有意见即可。

在大多数普通的家庭里，对于父母而言，自己并没有权利去选择是否工作，这是因为每个人生存都需要金钱和物质的支持。如果是生存所需，那么工作就成为必然，但是与此同时，养育孩子也是父母必须完成的艰巨任务，所以，父母就面临着平衡工作和养育孩子的双重困难。很多单亲父母都发现，因为繁忙的工作，他们分身乏术，每当工作与学校的一些集体活动发生冲突的时候，他们就只能承受其中一项的损失。尤其是在孩子生病的时候，他们更是会感到很痛苦，他们既想留在家里陪伴生病的孩子，又不得不去工作。其实对于单亲家庭的父母而言，有一些方法是可以去参考的，例如申请弹性工作时间，在空闲的时候就多多工作，在家里有紧急情况发生的时候才有灵活的时间可以休假。当然，有些工作是不能这样弹性的，这与父母的工作的性质有一定关系。

在紧张焦虑的状态下，父母难免会影响孩子，要知道完美的平衡是很难实现的，我们所要做的只是尽量维持平衡。每一个成年人都应该用适合自己的方法帮助自己缓解压力，减轻负担，也应该在很多繁杂的事情中进行取舍。例如，父母应该明确地知道自己需要什么，想要达到怎样的生活

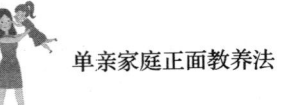

目的。在很多必要的情况下，也可以运用一些社区或者是社会中的资源来更好地照顾孩子。对于自己的一些选择，如果没有达到理想的效果，我们应该进行冷静的思考，也要试图寻找问题到底出在哪里。

在家庭生活中，我们还应该学会与孩子保持联系，知道孩子真实的想法和感受。不管怎么说，父母所采取的教育方式、教育方法，最终的目的都是希望孩子能够快乐地成长。如果孩子感到不快，或者是孩子对父母感到不满，那么父母的很多尝试就是失败的。此外，父母还应该更多地陪伴孩子，可以把自己的很多日程安排与孩子同步，这样就有更多的时间与孩子相处。

不可否认的是，单亲家庭生活的确是比较繁忙的，作为孩子的照顾者或监护人，父母也往往承担着更重要的责任。我们不能强求自己必须做到完美，而只能尽自己的最大努力做到更好，这样才能以放松的姿态，让自己有更好的表现。实现工作与生活的平衡，不仅是单亲父母所要面对的人生难题，每个人在人生的旅程中都需要解决这个问题，才能让自己从容不迫，才能享受生活。如此想来，单亲父母也就没有必要为此而紧张焦虑了。

找到负责任的儿童看护机构

单亲父母需要平衡工作和生活，如果能有优质的保姆，让保姆来帮忙照看孩子，孩子并不会受到很大的影响。如果父母能够把孩子送到高质量的儿童看护中心，孩子所受到的各种教育，以及生活习惯的培养，甚至比在家中更好。但即便如此，如何选择优质的儿童看护也依然是很多父母面对的一个难题。

要想让孩子健康快乐地成长，不会因为缺少父母的陪伴而影响身心发展，前提是要找到优质的儿童看护机构。或者如果孩子的年龄比较小，还可以寻找优质的儿童看护一对一地照看自家的孩子，如果儿童看护的素质很低，不懂得儿童心理，也不知道如何培养孩子各方面的能力，那么孩子的成长就会受到不良的影响，智力发育也会出现滞后的情况。

目前在国内，儿童看护机构还是相对比较少的，质量也良莠不齐，所以在寻找儿童看护机构或者是优质儿童看护的时候，父母要考虑的因素很多。父母可不要觉得选择儿童看护是一件很简单的事情，要想找到合格且合适的儿童看护机构，且要精挑细选呢！

首先，我们可以拜托亲戚、朋友、同事等熟悉的人推荐优质的儿童看护，熟人推荐有一个很大的好处，那就是这个儿童看护已经得到了大家的认可，有了良好的口碑，这比我们去考察一个完全陌生的儿童看护效果往往更好。

其次，我们要去有良好资质的优质儿童看护机构进行考察。如果把孩子送到机构里，那么我们要考察机构的卫生条件、饮食条件等各方面的条件。如果我们只是要选择一个儿童看护回到家里帮忙照看孩子，那么我们要考察这个儿童看护的身体素质、为人品质及专业知识等等，这些都是非常重要的。

最后，不管选择怎样的儿童看护，我们都要记得给孩子预留过渡和适应的时间。孩子看到陌生人的时候总是会产生抵触心理，也会非常害怕，如果强求孩子在第一时间就与儿童看护相处愉快，这显然是不可能的。所以我们要给孩子时间去适应，在把孩子交给儿童看护之前，最好能够先和儿童看护一起共同照顾孩子几天。等到孩子与儿童看护渐渐熟悉起来了，我们再开始工作或者去做自己的事情，这样是更为理想的。对于陌生的儿童看护机构，孩子一开始进去的时候肯定会感到特别紧张，父母也可以陪伴孩子熟悉儿童看护机构的环境，观察其他孩子在儿童看护机构里的表现，从而加深对儿童看护机构的了解。

虽然我们很难挑选到完全合心意的儿童看护，或者是让我们很满意的儿童看护机构，但是这是一件一劳永逸的事情。当我们费尽心力找到了最适合孩子的儿童看护机构时，我们接下来就会非常便利。当然，在面试儿童看护或者是参观儿童看护机构的时候，如果有问题，我们也应该及时地提出来，对此进行沟通。俗话说货比三家，既然选择儿童看护是一件如此重要的事情，我们也要多多比较，本着对孩子负责任的态度，舍得花费更高的价钱请更高质量的儿童看护，或者让孩子进入更优质的儿童看护机构。

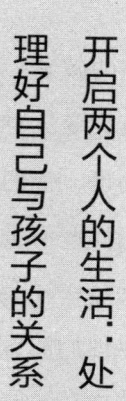

第06章 开启两个人的生活:处理好自己与孩子的关系

从表面来看,单亲家庭生活中家庭成员是比较少的,家庭结构也相对简单,但是要想处理好自己与孩子之间的关系,对于单亲父母而言并不是一件很简单容易的事情。单亲父母往往有战战兢兢如履薄冰的感觉。在正常家庭里,教育是父母之间相互配合的,但是在单亲家庭里,单亲父母需要单独对孩子开展教育,所以他们更想与孩子之间建立更好的亲子关系。

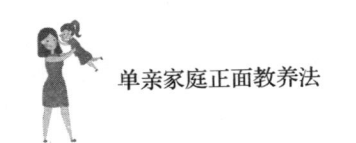

进入孩子的内心世界

面对婚姻的破裂，成为单亲父母，父母本身是忐忑不安的，又因为很关注家庭的巨大变故对孩子造成的影响，所以有一些单亲父母对孩子往往怀有愧疚的心理，他们希望洞察孩子的内心，希望知道孩子真实的感受。父母这样的担忧并不是空穴来风，孩子虽然年纪小，看起来无忧无虑，实际上他们和父母一样会对自己所处的处境产生丰富的感受。因为这些感受的产生，所以他们的言行举止，以及他们与父母之间的关系，都会发生相应的变化。然而在家庭生活中，孩子并不占据主导的地位，他们虽然得到了父母的宠爱，得到了全家人的关注，但是仍处于从属的地位。

让很多父母都感到惊讶的是，孩子其实对于父母有强烈的忠诚感。虽然他们还很年幼，还需要父母的照顾才能成长，但是他们却具有保护父母的本能。很多孩子尽管看起来非常外向开朗，但是他们往往不会把自己的内心世界完全展示给父母看。孩子还是独立的生命个体，他们对于生活中的很多事情都有自己的感悟。在同一个单亲家庭里，即使两个孩子生存的环境是相同的，他们也不会对某件事情做出同样的反应。这不但与孩子的脾气秉性有关，也与孩子的身心发展规律有关。

大多数孩子在十岁之前都有强烈的主观意识，他们是以自我为中心的，他们从自己的角度来看待这个世界，而且他们认为不管周围发生了什么，都与他们有一定的关系。正是因为如此，当父母的婚姻出现变故的时候，有一些孩子才会认为父母之所以离婚，是因为他们的表现不够好。所以孩子往往会苦苦哀求父母，希望父母不要分开，他们还会保证以后一定会做好孩子。每当听到孩子这样的话，父母往往会感到心痛，而实际上，

父母的婚姻之所以破裂，与孩子是没有关系的。

当孩子出现这样的强烈不安和愧疚的时候，父母应该尽量向孩子解释婚姻的本质，让孩子知道离婚与自己没有关系，让孩子从自责中摆脱出来。他们最关心的往往是自己的未来，他们害怕自己会转学，离开熟悉的学校，或者去其他地方生活；他们害怕自己会失去父母一方的爱，害怕自己不能够拥有和以前一样的生活。不管孩子们对父母离婚有怎样的感受和反应，他们都有一个共同的特点，那就是他们不希望自己被父母的离婚大战伤害到，他们不希望被卷入离婚大战之中。为了减轻孩子的不安，为了缓解孩子的愧疚，父母最好不要让孩子自己选择跟随爸爸或者是跟随妈妈生活。当孩子犹豫不决的时候，父母也不要对孩子展开拉锯战，否则孩子受到的伤害就会更大。

很多夫妻在离婚的时候都闹得不可开交，只有极少数夫妻能够做到和平分手。在婚姻生活中，一旦婚姻破裂，受到伤害最大的就是孩子，因为孩子还不具备独立生存的能力，他们需要依靠父母的照顾才能成长，所以家庭破裂会使孩子的生活受到很大的影响。为了减少离婚对孩子的负面影响，父母应该尽量做到和平分手，彼此友好地协商，从而避免孩子在生活中感到局促和不安。

在离婚的时候，考虑的首要因素应该是安排好孩子的生活。孩子不管是跟随爸爸还是跟随妈妈，都不要限制孩子与另一半见面，这是因为孩子有权利得到父母完整的爱。虽然父母不在一起生活了，但是这并不意味着父母对孩子也失去了感情，孩子也完全忘记了父母，这是根本不可能的。俗话说血浓于水，对于孩子而言，任何时候爸爸都是他们的爸爸，妈妈都是他们的妈妈，作为孩子的监护人更是要深刻认识到这一点，才能处理好自己与孩子、孩子与对方之间的关系。

父母既然不想伤害孩子，就应该防患于未然，而不要等到因为离婚闹得鸡飞狗跳时，给孩子的心中留下阴影，再去帮助孩子修复内心。只有给予孩子良好的帮助和照顾，对于孩子们而言才是更好的安排。

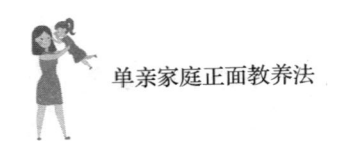

如何应对混乱的局面

从双亲家庭突然之间变成了单亲家庭,整个家庭生活都会被打乱秩序。此外,大多数夫妻离婚的时候,总会有一些不愉快的事情发生,所以父母之间往往会产生一些矛盾和冲突。在这样的过程中,孩子夹在父母之间感到非常为难,特别难受,他们既想和爸爸生活在一起,又担心失去妈妈,既想和妈妈在一起生活,又担心不能随时见到爸爸。孩子总是贪心的,因为父母的爱是他们成长所必需的养料,他们谁也不想失去。

面对婚姻变故引起的混乱局面,父母往往都很难适应,更何况是孩子呢?另外,虽然局面很混乱,但是父母依然要调整好状态来应对这种情况,否则一旦父母乱了阵脚,孩子就会更加手足无措、紧张慌乱。有的时候,孩子并不会通过求助的方式来表达他们的恐惧,他们也会做出一些异常的举动。例如,原本乖巧的孩子会变得非常调皮捣蛋,原本外向的孩子会变得很内向,原本乐于沟通的孩子会变得沉默寡言,这些都会让孩子内心脆弱,感情敏感。

父母要及时关注到孩子异常的举动。面对崭新的生活模式,就算是父母也会觉得有些手忙脚乱,那就更不要因为孩子的异常举动而迁怒于孩子,而是要透过孩子异常的表现,看到孩子隐藏的深层次心理,也要知道孩子内心真正的需求。父母必须始终牢记一个道理,那就是对于孩子而言,最可怕的事情是被愤怒的父母夹在中间,眼睁睁看着父母之间爆发战争。所以父母不要当着孩子的面争吵,哪怕彼此有分歧,也要避开孩子去协商或者是解决。即使看对方特别不顺眼,也要给予更好的对待,这样才能一起为孩子的成长助力。

爸爸或者妈妈即使离开了家庭，也不代表对孩子的爱同时消失了。当孩子需要帮助的时候，不管是爸爸还是妈妈，都应该及时地对孩子伸出援手。这样才能让孩子获得安全感，让孩子感受到爸爸或者妈妈的爱。

有一些离异的父母也会感到特别纳闷，因为孩子对于他和前任伴侣的态度截然不同。例如有一些孩子在父母离婚之后，他们虽然和妈妈一起生活，但是他们和妈妈的关系非常紧张，他们虽然不和爸爸一起生活，但是偶尔见到爸爸的时候，他们却和爸爸很亲近，这又是为什么呢？从心理学的角度来说，孩子只有在感到安全的时候才会发泄自己的负面情绪，所以这实际上是孩子亲近爸爸或者是妈妈的另一种表现。

父母离婚之后，看到家里失去了爸爸或者妈妈的身影，孩子往往会感到不安，对于那个离开的人，孩子总是担心会彻底失去对方，所以他们在与对方见面的时候会有所收敛。然而，对于和自己一起生活的爸爸或者妈妈，他们觉得自己不管怎样表现都不会被抛弃，他们获得了极大的安全感，所以才会把自己的负面情绪表现出来。那么，对于孩子这样的表现，爸爸妈妈要为孩子设立行为的边界，让孩子知道他们哪些行为是被允许的，哪些行为是不被允许的。在设立行为边界的时候，父母要坚持一个原则，那就是要尽力表达对孩子的爱，并且能够在孩子触犯边界的时候给予孩子适度的惩罚，这是为孩子制定生活的规矩，并不是为了真正惩罚孩子。在引导孩子适应新的家庭生活模式的过程中，父母还要满怀耐心。人们常说，时间是最好的良药，对于孩子内心的创伤和情感上的不安，时间更是能够起到抚慰孩子，温暖孩子心灵的作用。

在正常的家庭中，我们奉行正面管教，其实在单亲家庭生活中，我们更要奉行正面管教。我们面对孩子要做到和善与坚定并行，即使觉得非常艰难，也不要把负面情绪发泄到孩子身上，即使孩子的表现并不能让我们满意，我们也不要对孩子说出一些刺伤他内心的话。在必要的时候，如果想了解孩子的内心,我们应该多多倾听孩子。当孩子说出他的负面感受时,我们要能够理解和包容孩子。当然,这并不意味着对孩子无限度的纵容。

毫无疑问,即使是成人,也会陷入情绪激动的时刻。有的时候,因为一时脑门发热,想要坚持做到这些,就会显得特别困难。但是我们要记住孩子之所以故意捣乱,并不是因为他们不爱我们,也不是因为他们不想和我们在一起,而是因为他对自己的处境感到不满意。

不管怎样,如果孩子在充满爱意的环境中成长,他们就不会愤怒,更不会感到恐惧。这些异常的举动和不符合常理的言辞,都是孩子在愤怒和恐惧的驱使下做出来的,所以父母在与孩子沟通的时候要坚持一个原则,那就是倾听而不评判,努力与孩子之间建立相互信任的关系。父母与孩子之间只有相互扶持,相互鼓励,相互帮助,才能一起度过这艰难的时刻,迎来生活的柳暗花明。

归属感很重要

每个父母都知道，爱是滋养孩子的重要生命养料。然而，每个父母给予孩子的爱却是不同的，有的父母给予孩子理智的爱，有的父母给予孩子宠溺的爱；有的父母给予孩子适度的爱，有的父母给予孩子过度的爱。爱虽然能够在家庭生活中创造奇迹，但是并非所有的爱都能够创造奇迹，很多父母以爱的名义逼迫孩子，伤害孩子，掌控孩子，也有的父母以爱的名义娇纵孩子，使孩子变得任性、自私、霸道。那么，到底怎样的爱对孩子的成长才是有利的呢？作为父母，我们又如何能让孩子感受到我们的爱呢？

前几天发生了一件很可怕的事情，一个初三的学生因为在学校课间打牌，被老师请来了家长。家长到了学校之后，不由分说地给了孩子几个大耳光子，而且用手死死夹住了孩子的脖子。在家长发泄完怒气之后，短短的两三分钟时间里，这个14岁的少年就选择从五楼跳楼自杀，他从五楼一跃而下，没有片刻犹豫。这样的悲剧令人心痛，其原因就是家长的教育方式过于粗暴，没有考虑孩子的感受。

有的父母认为对孩子就是要严加管教，这样的管教就是爱，就是为了孩子好。的确，适度的管教能够为孩子制定规则，帮助孩子养成好习惯，但是过度的管教却会碾碎孩子的自尊，让孩子感受到父母的冷意，甚至让孩子感受到父母不想要他们，迫不及待想要抛弃他们的意愿。那么，孩子还有什么理由活在这个世界上呢？针对这件事情，网络上有很多评价。有一个网友说：对于孩子而言，死亡是最简单的事情。的确如此，孩子想做很多事情都不能如愿，如果遇到过度强势的父母，他们必须凡事都听从父

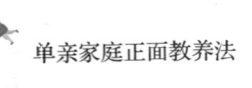

母的。而死亡则无需这么烦琐复杂，他们只需要轻轻一跃就能结束生命，也结束一切烦恼。近些年来，青少年自杀的事件时有发生，网络上铺天盖地的报道也让很多孩子受到了负面影响，他们会在情绪激动的情况下选择以这种极端的方式结束自己的生命。不得不说，这是人世间的悲剧，是让每一个人听到之后都会感到扼腕叹息和痛心的。

也许有些人会说，现在的孩子太脆弱，实际上并不是孩子的内心脆弱，而是因为他们没有归属感，不知道自己存在的价值和意义是什么。很多父母都抱怨孩子不知道感恩父母，其实很多父母也不知道孩子到底有多么爱他们，多么依赖和信任他们。不管父母怎么对待孩子，孩子始终都需要父母，都深爱着父母。作为父母，我们是否应该反思呢？

在与孩子相处的过程中，父母应该做到尊重孩子，尤其是对于进入青春期的孩子，他们的自尊心非常强，内心也很敏感。如果随意践踏他们的尊严，就会让他们感到无法承受，可想而知，对于一个初三的学生而言，被母亲在走廊上当着所有同学的面侮辱、谩骂和殴打，甚至母亲还做出明显的想要伤害他生命的举动。相信那一刻，世界对他而言是停滞的，仿佛连空气都在嘲笑他。

打完孩子之后，这位母亲并没有意识到孩子有可能会产生轻生的想法，而是当即离开，甚至都没有回头看这位孩子一眼。这让孩子的内心更加绝望。实际上，这个孩子缺乏的只是一个台阶，他丢了面子，不知道如何让自己挪动半步，离开那个给他带来伤害的地方，但是没有任何人给他台阶下。那一刻，他一定感觉自己被全世界抛弃了。

一个孩子因为下课打牌就犯了十恶不赦的错误吗？当然不是。孩子处于青春期，他们虽然有了一定的判断能力，但是他们毕竟还是孩子，这位母亲的做法显然没有把孩子当孩子看，也碾碎了孩子内心的最后一点点尊严。不仅是孩子，包括所有的成人都需要体验到归属感和价值感，这样他

们才会觉得自己的存在是有意义的，也才会觉得自己是被需要的，更能够感觉到自己是被爱的。当这些重要的感觉都消失的时候，他们就会产生幻灭感，觉得自己的存在毫无意义，对于生命也就不会那么珍惜。

心理学家经过研究发现，孩子的归属感最主要的是来自家庭，那么在单亲家庭生活中，因为孩子有可能会缺乏安全感，所以他需要与父母之间形成亲密信任的关系，这样才能感受到安全，也才能渐渐地建立归属感。

在这起少年自杀的事件之后，有一条评论说得特别好。这位网友说，在孩子犯错的时候，要把孩子当成孩子，不要对孩子过于苛刻和挑剔；在批评孩子的时候，要把孩子当成成人，要想一想孩子的自尊心能否承受，要像爱护成人的面子那样给孩子留下面子，保护孩子的尊严。

在单亲家庭生活中，孩子的归属感是更为重要的，这是因为孩子经历了缺乏安全感的特殊阶段，经历了家庭的破碎，所以他们需要用更长的时间才能寻找到归属感，也才能真正建立安全感。作为父母，在与孩子沟通的时候，应该尽量站在孩子的角度上看待和思考很多问题，不要从成人的角度认为现在离婚率这么高，离婚并不可怕。实际上，对于孩子而言，父母婚姻的破裂带给他们的伤害远远超出了父母的预估，那么在与孩子相处的过程中，父母就要考虑到自己是否能够让孩子感觉到爱意，感觉到自己是非常重要的。如果父母的举动常常让孩子感觉不到自己是被爱的，那么孩子就会感到非常痛苦。

有很多方法可以帮助孩子创造归属感。例如，父母可以多多倾听孩子，哪怕孩子说得不那么正确，父母也要尊重孩子。听孩子说完之后，再给予孩子适度的鼓励，也可以给孩子提出一些建议。在家庭生活中，对于很多事情都要征求孩子的意见，孩子虽然小，但他们也是家庭生活的一员，父母要相信孩子可以做得更好，也可以提出有效的意见给孩子参考。

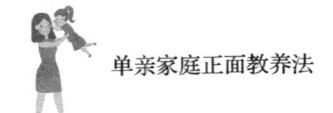

在单亲家庭中，帮助孩子创造归属感，最重要的是尊重孩子，平等对待孩子。很多父母习惯了居高临下地指挥和命令孩子，不允许孩子有自己的想法，反而认为孩子必须一切都按照父母说的去做，实际上这对孩子是非常不公平的，也会让孩子养成畏缩怯懦的性格习惯。对于孩子的成长而言，信心是非常重要的，孩子必须充满信心才能相信自己，孩子必须有能力去做一些事情，才能变得更加快乐。从这个意义上来说，我们要引导孩子学会一些人生的技能，俗话说，一技在手，走遍天下都不怕。当孩子有了特殊的技能可以作为自己行走世界的资本，他们就会获得归属感，拥有自信心。

父母应该努力地了解孩子的内心世界，这样才知道父母的选择会对孩子的归属感产生怎样的影响，或者是增强或者是削弱，或者是伤害或者是促进，这些都是有可能的。当我们的所作所为不能给予孩子积极正向的帮助时，我们就要想方设法地改变自己不良的做法，完善自己对孩子的教育方式，从而更好地教育孩子。

与孩子之间建立信任

孩子们很容易比较,随着不断成长,他们生活的范围越来越大,接触的人和事都越来越多。有的时候,他们会去同龄人家里玩耍,那么也会观察同龄人的家庭生活中,家人之间是如何相处的,父母的教育方式又是怎样的。当看到同龄人全家人其乐融融地在一起享受快乐,再反观自己作为单亲家庭的子女,他们未免会敏锐地感觉到自己的家庭与同龄人的家庭之间存在着巨大差别。

人都有随大流的心理,虽然现代社会很多人都追求个性,但是在一些方面他们并不希望自己与别人不同。不管是成人还是孩子,在发现自己与别人不同的时候,尤其是当在这种比较之中处于劣势的时候,一定会感到自卑而又痛苦。很多父母面对婚姻的破裂,感到悲伤愤怒委屈压抑,甚至会感到恐惧,孩子也同样如此。

太多的父母在婚姻解体的时候,会想方设法地尽量减少这件事情带给孩子的负面影响,但是事实证明,父母们不管多么努力,不管拥有多么充足的智慧,不管使用多少教育技巧,也不管给予孩子多少关爱,都不能彻底消除孩子因为父母离异而产生的痛苦和遗憾。既然如此,我们就不要试图逃避这些遗憾,而是应该引导孩子勇敢地面对生活中的各种挑战,要让孩子知道,这是人生中的经历,既然是不可避免的,那么就要勇敢面对。也要告诉孩子风雨过后才能见彩虹这个道理,让孩子知道即使身处逆境,也要坚强勇敢,也要努力争取做到最好,这样才能帮助孩子建立归属感和价值感。

很多父母在离婚之后对对方充满了怨恨,尤其是在单亲父母因为受到了对方的伤害而与对方分开的时候，他们就更是会在孩子面前诋毁对方，说对方的坏话，希望孩子疏远对方。其实这么做，受到更大伤害的是孩子。既然生活中的很多事情已经发生了，成为了不可改变的事实，那么我们就只能接受，而最好不要抱怨。抱怨并无助于解决问题，只有勇敢地面对，我们才能正视问题，也才能真正地解决问题。

在此过程中，我们需要的是时间和耐心。时间是最好的良药，能够抚平我们内心的创伤，而耐心则能够帮助我们倾听孩子的内心，也能够帮助我们疏导孩子的情绪。那么具体来说，作为单亲家庭的父母，如何才能与孩子之间建立亲密友好的信任关系呢？也许有些父母会说，每个单亲家庭都有每个单亲家庭的悲剧，很多事情道理和方法并不是放之四海而皆准的。的确，幸福的家庭都是相似的，不幸的家庭各有各的不幸，但是无论怎样担心，父母都应该看一看以下这些建议。这对于帮助父母与孩子之间建立信任的关系是非常有好处的。

首先，不要对离婚的问题讳莫如深，而是要耐心回答孩子的提问。在单亲家庭中，当孩子发现家庭中缺少了重要的一个成员时，往往会对此提出异议，那么受到伤害的监护人就会非常愤怒地禁止孩子，不许孩子提问，或者对孩子的问题避而不答。实际上，这只会让孩子更加好奇和不安。父母只有给孩子正面的回答，向孩子解释清楚婚姻出现的问题，孩子才会对此感到心安。这么做的前提是父母要先想明白这个道理，也能够正视离婚这件事情，而不是刻意逃避。

其次，一定要倾听孩子。在很多单亲家庭生活中，父母因为忙于工作，疲惫地生活，所以往往没有耐心陪伴孩子，更不想回答孩子的问题。他们认为孩子说的很多话都是毫无意义的，对于解决问题无益，但是他们却没有想到，孩子之所以能说出这些话，是因为他们信任我们，也是因为他们有宣泄情绪的需要。在这种情况下，父母并不需要给出孩子切实有效

的建议，而只要做到认真倾听。倾听本身就是对孩子的尊重和信任，倾听也能够助力孩子更好地解决问题。所以我们要再次强调倾听的重要性。倾听是打开孩子心扉的钥匙，是了解孩子内心的基础。

再次，要经常陪伴孩子。在很多单亲家庭里，父母因为忙于工作，一心一意地只想为孩子提供更好的生活条件，却忽略了要多多陪伴孩子。其实对孩子而言，父母哪怕送给他们非常昂贵的礼物，也不如陪伴他们一个小时，更能够让他们得到快乐。

最后，要接纳和认可孩子的感受，不要误解孩子。很多孩子都害怕受到误解，他们不想被父母想当然。例如有一些成人认为孩子具有很强的适应能力，所以很快就能适应单亲家庭的生活。其实这都是父母一厢情愿的想法，并没有得到证实，也就没有机会验证孩子真正的想法是什么。在孩子情绪低沉失落的时候，只有了解、接纳和认可孩子的感受，才能让孩子感到安全。

在这里需要注意的是，不要否定孩子的感受。很多父母对于孩子感受都不以为然，他们认为孩子是"少年不识愁滋味，为赋新词强说愁"。实际上，孩子说出的每一个感受都是他们最真实的感受，父母要做的就是倾听和接受。必要的时候，父母要给孩子理解的微笑，给孩子信任的拥抱，这些都能让孩子感到安全。

信任关系的建立需要漫长的过程，孩子虽然不像成人那样在家庭生活中拥有很多权利，但是他们的价值并不会因此而打折，所以父母要尊重孩子，认可孩子存在的价值和意义，也要帮助孩子构建良好的亲子关系，这对于孩子而言才是最重要的。

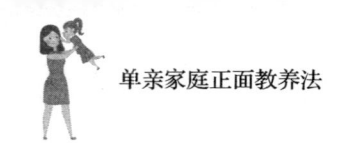

亲密，但不可过于亲密

在家庭生活中，良好的家庭关系是由爱与信任所建立的。只有在这样亲密关系的支持下，家庭生活才能正常运转，家庭成员之间才能心无隔阂，彼此亲密相处。然而，在单亲家庭生活中，有的时候会存在家庭成员之间过于亲密的现象。过于亲密的关系到底好不好呢？对此，人们众说纷纭。有人认为在单亲家庭里，爸爸或者妈妈与孩子相依为命，彼此之间的关系应该是非常亲密，联系紧密的，而且他们甚至是命运的共同体。也有人认为越是在单亲家庭中，父母越是应该培养孩子独立生活的个性，也要让孩子对生活有自己的主张和见解，不要过于依赖父母。

从辩证唯物主义的观点一分为二地剖析，亲密的关系有利于单亲家庭生活的稳定，但是亲密的关系也会让孩子对于身边的爸爸或者是妈妈形成强烈的依赖性，也不利于发展孩子独立的个性。而疏远的关系虽然有助于孩子独立，但是在成长过程中，父母很有可能因为与孩子之间关系疏离而无法了解孩子的内心，更无法给予孩子及时有效的帮助和支持。所以对于亲密关系到底好不好，这个问题的答案应该是保持适度。适度，既要根据家庭生活的具体情况来定夺，也要根据孩子的脾气秉性来定夺，总的原则就是要有利于孩子的成长和发展。

作为一个单亲妈妈，丽丽已经独自带孩子生活三年了。她离婚的时候孩子只有1岁，现在孩子已经4岁了。在这三年的时间里，丽丽始终把孩子作为自己生活的中心，除了做一些清闲的工作之外，她几乎全身心地扑在孩子身上，希望自己能够把孩子抚养成才，希望自己一个人也能够给孩子更多的幸福和快乐。事实证明，在这三年的时间里，丽丽每天和孩子形影

不离，从没有让孩子独自去爷爷奶奶家里过晚。她一直全心全意地照顾孩子，而且对孩子事无巨细地包办。

后来，丽丽在他人的介绍下认识了一个非常优秀的单身男士，这位男士的妻子去世了，已经单身了很多年。他对妻子的感情很深，直到现在才想再寻找一位伴侣共度余生。男士没有孩子，对于丽丽有孩子的事情毫不介意，他认为自己可能不会再要孩子了，所以他决定对丽丽的孩子视为己出。得到这位男士的承诺之后，丽丽对这位男士特别满意，很快就和男士定下了婚约，开始筹备婚礼。

正当亲戚朋友都在为丽丽感到高兴的时候，丽丽四岁的女儿却成为了这场婚礼最大的阻碍。听说妈妈要结婚了，女儿哭得歇斯底里，想尽办法阻止妈妈结婚。即使在妈妈结婚之后，女儿也依然和之前一样每天晚上都要和妈妈睡在一起，而坚决不让妈妈和新爸爸一起生活。丽丽和新任丈夫之间的感情基础原本就比较薄，并没有太长时间的相处，再加上女儿在中间一直成为巨大的阻力，所以丽丽很快就又离婚了。

直到这个时候，丽丽才意识到自己不应该和女儿如此亲密，仿佛连体婴一样。虽然女儿才四岁，但是她也应该有自己的生活圈子。而丽丽呢，作为一个单亲妈妈，更是应该有自己喜欢做的事情，有自己愿意从事的工作，还要有自己的朋友，这样她和女儿才能都获得想要的生活。

过于亲密的关系让人与人之间没有了安全距离，虽然父母对孩子是无私的，但是孩子是一个独立的生命个体，他们终究要长大，终究要离开父母的身边独立生活，所以父母对于孩子要进行适度分离，也要有限度地爱孩子，这对于帮助父母与孩子保持亲密有度的关系是非常有好处，也有利于孩子的成长。从孩子的角度来说，如果他的生命中只有妈妈或者爸爸一个人，而对于其他人都非常疏远，那么显而易见，这对于孩子发展人际交往能力是非常不利的。

古人云，凡事皆有度，过度犹不及，这句话是非常有道理的。任何事情一旦过度，就会走向极端，甚至导致截然相反的结果。父母之爱，则为孩子计深远。父母再爱孩子，也不能因为孩子就彻底迷失了自己。每一个父母的终极职责就是养育出一个能够独立的成年人，这就意味着从孩子小时候，父母就要锻炼孩子各方面的能力，鼓励孩子振翅高飞，鼓励孩子离开安乐的家，去外面的世界里自由翱翔。

不要担心会失去孩子，父母对孩子的爱只要源源不断，孩子就不会与父母彻底走失。实际上，父母与孩子之间有着亲情的连接纽带，这个纽带就像放风筝的线，虽然若隐若现，但是却从来不会断，与此同时，又能够给孩子足够广阔的空间，让孩子飞到属于自己的高空中去。

第07章
单亲家庭也可以幸福：运用合作与鼓励的管教方法

对于单亲家庭，很多人都存在误解，他们觉得所谓单亲家庭就是破碎的家庭，实际上单亲家庭与破碎的家庭之间是不能划等号的。在单亲家庭生活中，只是父母不在一起生活而已，实际上家庭的整个组织结构还是完整的，而且家人与家人之间依然充满了爱。所以在单亲家庭生活中，我们可以运用鼓励与合作的管教方法，调动起孩子参与家庭生活的积极性，让家庭生活充满欢声笑语，其乐融融。

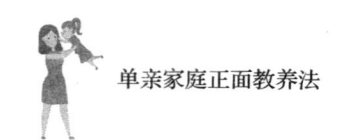

鼓励孩子参与

不可否认的是，当作为孩子的监护人和孩子一起组成单亲家庭时，内心也许都是非常沉重的，甚至承受着巨大的压力。但是这并不意味着单亲家庭的生活一定是凄风苦雨的，事实上，在很多单亲家庭中，父母与孩子之间的关系非常亲密，相处得其乐融融，又因为共同承担起家庭生活中的很多事务，一起应对家庭生活中的很多难题，所以父母与孩子之间的关系反而更加亲密，也相互依赖，彼此扶持。

每个父母都常常因为孩子的表现不如意而抓狂，那么在单亲家庭生活中，要想减少教育的压力，父母最重要的是要做好预防工作，而不要等到孩子已经做出了不好的言行，再来亡羊补牢。要想实现这一点，关键在于与孩子之间建立合作互助的关系，真正尊重和信任孩子，也要正确地评估孩子的能力，给孩子分配他们足以胜任的任务，这样孩子既能找到归属感，又能在合作的过程中与父母磨合关系，相处融洽。

近些年来，正面管教的概念越来越普及，在很多双亲家庭里，父母之间可以互相配合着对孩子开展正面管教。在单亲家庭中，因为没有了教育观念的分歧，所以教育本身就是一股很强大的力量。单亲父母同样可以对孩子开展正面管教，把孩子教养成才，只是在此过程中需要掌握一些技巧，例如鼓励孩子参与家庭事务和集体活动，这都是养育孩子的过程中正面管教的重要方法。

前文说过，归属感对于孩子是很重要的，孩子只有创造归属感，才能知道自身存在的价值和意义，也才能感受到别人的爱，并且相信自己是被别人需要的。这样一来，孩子就会相信自己是重要的，也会由此而产生神

圣的使命感，勇敢地承担起自己应该承担的责任。

在单亲家庭生活中，不管是爸爸还是妈妈，当过于忙碌而无暇顾及很多事情的时候，可以向孩子求助。例如让孩子帮自己做一些简单的家务，在孩子完成家务之后，要真诚地向孩子表示感谢，说出孩子对自己的帮助有多么重要，这都能够让孩子获得归属感。

在有些家庭中，单亲妈妈的传统观念非常重，她们在独自抚养儿子的过程中，会在不知不觉间把儿子当成一家之主。殊不知，孩子还小，他们并不能承担起一家之主的重任，但是他们却过早地享受了一家之主的权益，这样做会使孩子的心理出现扭曲。也有一些爸爸单独抚养女儿，会把女儿当成家庭中的小女主人，实际上孩子还小，她们只能扮演好孩子角色。

与让孩子过度参与的父母截然相反的是，有一些父母对孩子心怀愧疚，他们认为孩子失去了完整的家，因而需要得到更多的照顾，所以他们任劳任怨地承担起了所有的家务事，并且竭尽全力地为孩子创造更好的条件，让孩子无忧无虑地成长。这对孩子而言同样不是理想的教育状态。毕竟孩子所处的家庭已经分解了，所以孩子在家庭中的角色也应该随之而调整。

从来不让孩子承担任何事情，孩子就会变成衣来伸手、饭来张口、骄纵任性的小皇帝，让孩子承担太多的事情，使孩子感到不堪重负，对孩子而言也是不公平的。所以我们既不要让孩子成为自己的守护者，也不要把自己完全变成孩子的守护者，父母应该是孩子的引导者，能够引领孩子去思考和决定一些事情，也能够引领孩子走上人生的正轨。直到孩子真正羽翼丰满，父母就可以对孩子放手，让孩子飞上人生中更为开阔的高空，这样孩子才能健康茁壮地成长。

还有一种情况是我们不得不重视的，即有些父母觉得孩子做事情的能力很差，如果让孩子帮忙，反而还会出现越帮越忙、手忙脚乱的情况，而父母本身在工作了一整天之后，回到家里还要做家务，已经是万分疲惫了。所以他们只希望孩子不要添乱，能够老老实实地写作业，或者是玩玩具，或者是看电视，或者是看书，就已经是对他们最大的帮助了。父母这样的想法完全是错误的，虽然和与孩子一起做事情相比，代替孩子去做事情是更为简便的，而且也更少麻烦，但是从长远来考虑，这是对孩子极其不负责任的做法。父母要竭尽所能地为孩子提供机会去亲身经历，让孩子在经历各种事情的过程中渐渐地提升自信，也使自己的能力得以全方位的增长，从而产生强烈的欲望，为家庭、为社会做出贡献，这样孩子才能在良好内驱力的驱动下，更快地成长。

家务活≠烦恼

一个家庭要想健康有序地运转，就必须要完成一项艰巨而又琐碎的任务，那就是家务活。在家庭生活中，家务活是不可避免的，每天都在持续地产生，虽然工程不是很浩大，但是却旷日持久，随着生活的延续，家务活的形式也会发生变化。那么，如何处理好家务活，对于单亲家庭而言也是一个很大的挑战。毕竟在双亲家庭中，父母可以一起分担家务活，但是在单亲家庭中，就要由爸爸或者妈妈主要承担起家务活。也有一些单亲父母因为忙于生计，还要操持家务，所以会感到心力交瘁。单亲父母要端正心态对待家务活，让家务活对生活和工作起到辅助的作用，而不是成为绊脚石。

人们常说心若改变，世界随之改变，这句话非常有道理。对待家务活，如果我们将其视为一种累赘，或者是一种额外的工作，总是怀着抵触和抗拒的态度去做，那么我们就会非常苦恼。反之，如果我们能够调整心态，认为家务活是家庭中分工合作的一种重要方式，怀着愉悦的心情去完成家务，把做家务视为对家庭的一种贡献，那么我们就会产生神圣的责任感和使命感，并且更乐于坚持做好家务活。

很多从未尝试过让孩子做家务的父母，从来不知道孩子在得到机会为家庭分担家务的时候做出的反应。大多数孩子都很愿意帮助父母分担家务，有的时候他们还会主动争取机会，想要为家里做一些事情呢。尤其是对于年幼的孩子来说，每当看到父母在做家务活的时候，他们都会产生模仿的强烈兴致，很想模仿父母的样子做一些事情。例如五六岁的孩子很喜欢帮父母切菜，这是因为他们感受到刀的锋利，亲手用刀把菜切成各种形状，觉得很开心。不过让孩子做家务的前提是要保证孩子的安全，不要让孩子拿这些锋利的器具。还有的孩子很喜欢用吸尘器清理地毯。最好为孩子准备小巧的吸尘器，让孩子负责清理家里的沙发地毯等。也有的孩子喜欢捣蒜泥或者是土豆泥，他们甚至会争抢着和爸爸妈妈做这些有趣的事情。

有的父母会说，孩子帮忙做家务活实际上是帮倒忙，同样的一件事情，如果由爸爸妈妈来做，也许马上就能做完，但是如果由孩子来做，工作量就会成倍增长。例如，捣蒜泥，成人可以很好地做完，但是孩子却会弄得到处都是蒜泥，说不定还会把蒜泥撒到地上呢。这样一来，清洁工作就非常麻烦。正是出于这样的心理，所以很多父母都不让孩子做家务活。每当孩子对做家务表现出特别的积极性时，他们就会让孩子去玩一些玩具，或者让孩子去看电视节目。

父母这么做是本末倒置。从表面看起来，父母的确节省了时间，但是对于孩子而言，他们早晚要学会做家务，既然如此，为何不趁着孩子兴致高昂的时候教会孩子如何做家务，并且借此机会培养孩子的合作意识呢？当孩子更多地参与家庭事务，他们就会意识到家庭是一个整体，而自己是这个家庭中不可或缺的成员。这么做还可以培养孩子的小主人公意识，让孩子增强家庭责任感。

在与孩子合作的过程中不要怨声载道，不要指责和抱怨孩子做得不够好，而是要多多鼓励孩子，引导孩子做得更好。必要的时候，还可以为孩子提供适当的帮助。

还有的父母认为孩子能力有限，能做的事情很少，的确如此，孩子的能力和成人相比悬殊很大，但这并不意味着孩子什么都不能做。我们可以根据孩子的能力，为孩子安排一些家务活，例如一岁多的孩子刚刚蹒跚学步，他们就能把自己用过的尿不湿扔到垃圾桶里。虽然这只是一件微不足

道的小事情，父母只需要花几秒钟就能做完，但是对孩子却是很好的锻炼机会。稍微大一点的孩子，如两三岁的孩子，他们可以帮助爸爸妈妈摆好餐具。五六岁的孩子甚至可以清洁餐具，倒垃圾，或者为植物浇水等等。等到孩子到十岁前后，他们随着能力的增强，可以帮父母做的事情也越来越多。

在此期间，父母要降低对孩子的期望，降低对孩子的要求，而不要对孩子过于苛刻。如果父母总是否定批评，就会打击孩子的积极性，那么孩子对于做家务的热情就会渐渐熄灭。父母只有积极地给孩子更好的帮助，也多多鼓励孩子，孩子对于家务的热情才会持续下来，并且在坚持锻炼过程中，他们做家务的能力也会得以增强。

任何时候都不要让家务活成为烦恼的源泉，有些事情既然注定要去做，我们与其苦恼着去做，还不如幽默地去做，从中感受到快乐。就像有人说的，既然哭着也是一天，笑着也是一天，我们为何不笑着度过人生中的每一天呢？孩子作为家庭中的重要成员，当他以喜欢的方式去做家务，也得到父母的支持和帮助，亲身感受到自己的能力逐渐增强，他们在此过程中就会更快地成长。

也有一些父母常常觉得自己太忙碌，没有时间陪伴孩子，因此心怀愧疚。实际上，如果父母能够与孩子合作做家务，那么做家务的过程就变成了陪伴孩子的过程，这可真是一举数得的好事情呀！

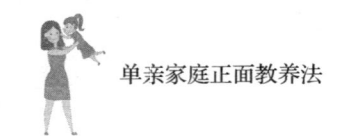

面对不合作的孩子

孩子小时候对一切事情都充满了好奇,而且很喜欢模仿,动手能力特别强,所以他们在一段时间里会特别热衷于做家务。每当看到妈妈在厨房里忙碌,他们就会凑到妈妈面前,请求妈妈给他们机会帮忙剥蒜,帮忙切菜,或者是择菜。对于孩子这样的表现,妈妈应该怀着欢迎的态度,因为细心的妈妈会发现,再度过了这个阶段之后,孩子们对于做家务就没有那么热衷了。虽然有极少数的孩子对于做家务始终都很积极,甚至已经养成了主动帮助妈妈分担家务的好习惯,但是大多数孩子随着不断成长,他们可以做的事情越来越多,却不愿意把宝贵的时间和精力用于做家务。尤其是那些进入青春期的孩子,他们有很多快乐的事情都可以去做,所以他们并不愿意继续做家务。

孩子并不是完全因为懒惰,而是因为到了青春期之后,孩子的能力增强,他们不像小时候那样可做的事情少之又少,所以才会觉得做家务也是乐趣。在青春期,孩子们有了自己的兴趣和爱好,所以做家务对他们来说不再是有趣的模仿,反而会变成一种负担,引起他们的反感。

对于这样的孩子,父母要引导孩子合作,激发孩子做家务的积极性。一味地强求孩子做家务并不是明智的选择,因为孩子越来越大,他们有自主意识,也会因为处于叛逆期而与父母对抗,导致亲子关系遭到破坏。父母只有选择以恰到好处的方式引导孩子做家务,才能让孩子心甘情愿地做家务。

在豆豆5岁的时候,妈妈和爸爸离婚了。妈妈带着豆豆一起生活,因为觉得豆豆不能和爸爸一起生活,所以妈妈总觉得亏欠豆豆。她对豆豆照顾

得无微不至，渐渐地，豆豆习惯了衣来伸手、饭来张口的生活，凡事都依赖妈妈。转眼之间，豆豆已经12岁了，妈妈认为豆豆已经可以自己照顾自己了，而且再过三年初中毕业，豆豆就该高中住校了。所以妈妈想培养豆豆的自理能力，也想教会豆豆做一些简单的家务，却没想到豆豆对此非常排斥和抗拒。

有一天吃完晚饭，妈妈让豆豆负责刷碗，豆豆张大嘴巴，难以置信地看着妈妈说："怎么能让我刷碗呢？"妈妈感到很惊讶，反问道："你为什么不能刷碗呢？你小时候还没有洗碗池高就喜欢刷碗，现在你已经比妈妈还高了，我觉得刷个碗对你来说是小菜一碟吧。"豆豆说："但是，一直都是你负责刷碗呀！"

妈妈问豆豆："那么，你负责什么呢？"豆豆想了想，有些羞愧地低下头，但是他还是没有主动刷碗。这个时候，妈妈对豆豆说："豆豆，你已经长大了，可以帮妈妈分担一些家务了。妈妈呢，因为工作比较忙，有的时候回家也特别累，所以你要是能做一些家务，妈妈就会有时间休息。"妈妈这句话显然触动了豆豆，他抬起头看着妈妈说："妈妈，你辛苦了。"

这天晚上，豆豆第一次刷碗，他不小心摔碎了一个碗，但是妈妈没有批评豆豆，反而还鼓励豆豆做得很好。妈妈和颜悦色地对豆豆说："只要下次小心一点，就会做得更好。"就这样，在妈妈的鼓励下，豆豆刷碗刷得越来越好，再也没有把水弄得到处都是，也没有把碗摔碎。随着豆豆在刷碗这项家务上越来越熟练，妈妈还教会了豆豆用吸尘器吸地，用拖把拖地，整理床单，洗衣服，叠衣服等等。经过半年多的培养，豆豆对很多家务都做得得心应手，他对做家务产生了浓厚的兴趣，还主动要妈妈教他做饭呢！

在单亲家庭生活中，对于不合作的孩子，强求孩子或者是压制孩子服从父母的命令都不会有很好的效果。明智的做法是给予孩子更好的帮助，不管孩子家务做得怎么样，都要多多鼓励孩子，这样才能让孩子主动做家务，也愿意做家务。

没有人天生会做所有的事情，孩子更是如此，尤其是从小在父母的宠爱下长大的孩子，已经习惯了被父母照顾，就更不愿意做家务。毕竟做家务不是一件让人非常开心的事情，也不是一件有趣的事情，但是做家务却是家庭生活的必须，所以父母要给予孩子更多的引导，让孩子认识到家是一个整体，每个家庭成员都要为维持家庭生活的正常运转做出贡献。

具体来说，哪些技巧可以帮助父母激发孩子的积极性，让孩子投入家务活动之中呢？

首先，对于家务活可以进行合理的安排，例如根据孩子的能力水平，为孩子安排一些他们力所能及的事情，让孩子把做家务当成自己的一项分内之事，这样孩子从心理上就不会抵触，有助于孩子接受做家务的事实。

其次，要坚持循序渐进的原则，做家务不要贪多，也不要给孩子安排很艰巨的家务劳动，而是要从小事开始做起，让孩子对做家务产生兴趣，获得成就感。也要培养孩子的主人意识，这样孩子才能渐渐地感受到做家务的快乐，也知道做家务是自己应该做的事情，从而主动地做好。

再次，做家务的时候要给孩子制定一个标准。例如，在扫地的时候要求孩子扫到边边角角，把地扫干净，垃圾打扫干净；在洗衣服的时候，要求孩子把衣领和袖口等地方都清理干净，必要的时候还可以给孩子做好示范。只有提出了一定的要求和标准，孩子做家务的时候才会有参照性。当然，对于一些比较复杂的家务，父母也可以亲身示范给孩子看，这样孩子就可以更好地模仿。

最后，对于那些因为抗拒做家务而拖延的孩子，父母可以限定完成的时间，也可以制定一定的奖惩标准，这样就能调动起孩子的积极性。总而

言之，没有什么方法会永远管用，对于父母而言，不管怎么激励孩子，孩子对做家务都不会始终充满热情，心甘情愿。那么，父母要让孩子把这当成是一项义务，让孩子坚持去做。尤其需要注意的是，对于不愿意做家务的孩子，父母切勿反复唠叨或说教。虽然每个父母都知道对孩子进行正面管教，但是也有一些父母忍不住会抱怨或者是批评孩子，这也会引起孩子的反感，使孩子把做家务与感受糟糕联系起来。

不管怎样，父母都要始终牢记，孩子毕竟是孩子，他们会很贪婪，他们有自己想做的事情，如果一件家务并不在孩子的必做清单上，或者孩子把它列在了最后，那么父母要有耐心等待。毕竟，引导孩子积极主动地完成家务是一个浩大持久的工程，要给孩子一定的过程和时间，这样孩子才会更好地成长起来。

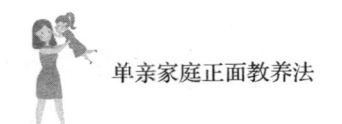

教孩子——磨刀不误砍柴工

所谓教，就是以沟通的方式告诉他人需要做什么事情，以及如何去把这件事情做好。我们要把教与批评教育区分开来，教意味着我们要鼓励孩子去做得更好，要引导孩子掌握所需要掌握的技能，从而帮助孩子形成自尊自信。对于孩子而言，这是他们成长中必须经历的过程，如果父母只是批评和指责孩子做得不好，那么孩子就会自卑，就会怀疑自己，甚至自暴自弃，这是父母所不想看到的。虽然从理性的角度来说，父母都希望自己能够把孩子教好，但是实际上，在真正操作的过程中，父母因为各种原因而急躁或者是急功近利，往往会与孩子产生冲突。

不可否认的是，和自己三下五除二就把家务事做好相比，教孩子是需要花费十倍甚至几十倍的时间和精力的。因为孩子还非常幼小，他们并没有掌握一些技能，甚至连理解能力也是有限的，所以父母教孩子不但需要花费时间和精力，还需要付出很多耐心。正是因为如此，有些父母才选择不让孩子帮忙，只靠着自己把很多事情完成。然而终究有一天，孩子还是要学习做家务，这个过程是不可能略过去的。在这样的情况下，父母与其拖延这项教育工作，还不如把这项教育工作提前到前面来完成。在耐心教孩子的过程中，还可以增进亲子关系，加深亲子感情，可谓一举数得。

那么，父母应该如何教孩子呢？

首先，父母可以求助于孩子。很多父母在家里都摆出一副居高临下的家长架势，认为自己什么都能做，无所不能，所以会高高在上地指挥和命令孩子。如果能够换一种方式向孩子求助，让孩子知道他是被父母所需要的，那么显然，孩子做家务的感受和体验就会更好。当然，得到孩子的帮

助之后，不管孩子做得好不好，可不要忘记感谢孩子，这将会让孩子获得很大的成就感。

其次，在教孩子的过程中，父母可以适当帮助孩子。对于有些家务活，孩子能力有限，还不能只靠着一己之力把家务做好，在这种情况下，父母要为孩子提供帮助，给予孩子支持和鼓励，这样孩子才会做得越来越好。

再次，让孩子观察父母是如何做的，从而模仿父母。在做很多事情的时候，不一定要把孩子支使到远远的地方，让孩子做自己的事情。如果孩子愿意停留在附近，那么可以让孩子看看父母是如何做家务的。所谓耳濡目染，看得多了，同样也可以提升孩子的技能。如果孩子对于有些家务的步骤还是不明白，或者不了解，父母还可以教会孩子一些技巧和诀窍，并且再次给孩子亲身示范，这对于提升孩子做家务的能力是很有好处的。

最后，当孩子已经到了可以独立完成家务的时候，那么父母要鼓励孩子独自去做，让孩子振奋信心，相信自己的能力。在让孩子做家务之前，不要对孩子寄予过高的期望，因为期望越高，失望越大。与其急功近利，还不如怀着一颗平常心，当看到孩子做出的家务超出了自己的预期之后，父母就会情不自禁地赞扬孩子。在这样的过程中，父母与孩子之间能够建立良好的合作关系，他们是互帮互助的，也是彼此扶持、相互依赖的，因而家务也会成为了亲子之间一项有益的家庭活动。

在实际操作的过程中，很多父母只是盯着孩子做得不好的地方，而很少关注到孩子做得对的地方，也很少对孩子提出特别的表扬。实际上，父母并不知道，对于孩子而言，父母的评价有多么重要。孩子还缺乏自我认知和自我评价的能力，所以他们会把父母对他们的评价直接采取拿来主义，作为自我评价。如果父母对孩子的评价过低，就会导致孩子对自己的评价过低，显然会影响孩子的自信心。如果父母始终在认可和鼓励孩子，

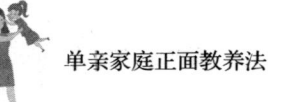

那么孩子就会渐渐地形成自信对于这样的孩子，即使偶尔犯了错误也没关系，因为他们能够踩着错误的阶梯努力向上，他们能够实现自身的价值，找到归属感。

所以不要小看做家务这件事情，这不仅仅关系到孩子提升做家务的能力，也关系到孩子自信心的形成，更关系到孩子成长的状态。父母应该耐心地教授孩子学会做家务，这样孩子才能更加自立自信，自尊自强。

支持孩子发展个性

孩子不是流水线上的产品，所以孩子不可能变成工业化统一生产且有统一规格和样式，也有统一功能和效果的产品。每个孩子都是这个世界上独一无二的生命个体，每个孩子都有自己的特长，都有自己的优势，也有自己的不足，更有自己的劣势。作为父母，要接纳孩子原本的样子，而不要试图改造孩子，即使引导孩子成长，也应该顺势而为，以孩子的个性为基础。在此前提下，父母才能帮助孩子充分发掘出潜能，充分发展个性。

每个父母都自称是这个世界上最爱孩子的人，但是有很多父母的爱都是自私的，他们之所以爱孩子，是因为他们把孩子当成自己生命的延续，希望孩子能够表现得让自己满意，却不知道在此过程中，孩子的潜能发展受到了限制和阻碍，成长也因此进入了歧途。真正爱孩子的父母会鼓励孩子发展个性，会鼓励孩子保持自己的独特性，会想方设法地帮助孩子，激发潜能，让孩子成为自己最好的样子。

在四五岁前后，孩子的想象力是非常丰富的。有一些孩子甚至因此而分不清想象和现实，所以会出现撒谎的情况。实际上，这正是孩子一生之中想象力长出翅膀的重要时期，如果在这个时期里，父母让孩子折翼，那么，孩子的人生就会因为过于现实而枯燥乏味。只有以想象力为基础，孩子才能发展出创造力。在现在的社会上，最缺乏的就是充满创造性的人才，盲目地模仿或者是复制，并不是真正的创造，而只是一种重复。有创造力的孩子具有独特的思维，他们能够在同样的事情中发现更多的可能性，而且他们解决问题的时候常常不走寻常路，会另辟蹊径，从而发展自己解决问题的能力。

虽然父母都希望孩子非常听话，能够像机器人一样听从自己的指令，而且从来不给自己惹麻烦，但是现实却是，孩子是小精灵，他们并不会完全按照父母的期望去做。尤其是在单亲家庭中，当孩子总是不停地折腾，给父母带来各种麻烦的时候，单亲父母难免会感到身心俱疲，有些父母甚至给孩子贴上麻烦制造者的标签，认为自家的孩子是问题儿童。这样给孩子贴负面标签的行为是极其不负责任的。父母只要用心观察，就会发现孩子虽然大多数时候都非常活泼外向，甚至很疯狂，但是有的时候他们专注于做自己喜欢的事情，就会特别投入，对外界发生的事情浑然不觉。这正意味着孩子既有活泼的能力，也有沉静下来的能力，能够保持专注的状态，这是孩子形成创造力的良好基础。

如果几十年前在传统的教育模式下，父母希望孩子能被打磨掉个性，就像鹅卵石一样圆润光滑，而且保持同样的形状，那么在现代社会的教育中，很多教育的专家学者都已经意识到抹杀孩子的个性、消除孩子的独特性对于孩子而言是非常残忍的，而且不利于培养真正的人才。对于孩子来说，创造力和想象力都是难能可贵的天赋，孩子只有拥有创造力，才能拥有不一样的人生。没有创造力的孩子只会跟在他人身后，盲目跟风，只会模仿他人的成功，盲目地去做一些事情，这只是简单的重复，毫无创意可言。

对很多单亲父母而言，鼓励孩子发展独特性、发展个性是一件耗时费力的行为，毕竟很多单身的父母只是满足孩子的吃喝拉撒，照顾好孩子的日常生活就已经非常吃力了，在此基础上，再让他们培养出独具个性的孩子则更是难上加难。对于孩子创造力和独特个性的理解，我们不要犯狭隘的错误。很多人误以为所谓独特个性，就是要特立独行，与众不同，其实不然。所谓个性，指的是孩子坚持的一些东西。例如有些孩子特别有主见，他们从来不人云亦云，而是能够坚持做自己认为正确的事情，这就是

一种个性的表现。

　　孩子就像是一块璞玉，要想把这块璞玉打造成美玉，需要耐心地打磨，不可能轻而易举就把孩子雕琢出来。所谓玉不琢不成器，我们作为父母要成为最好的玉器工匠，这样才能把孩子们打造成真正的美玉。

　　即使孩子个性很强，会给我们惹一些麻烦，会让我们觉得管教孩子很困难，我们也不要因此而否定孩子的个性。我们要珍视孩子的与众不同之处，保护好孩子的个性，虽然这需要我们付出极大的毅力以及长久的耐心，但是独特性恰恰是孩子自尊心的来源，个性恰恰是孩子自信心的来源。相信在父母用心的保护之下，孩子会走上与众不同的人生道路。

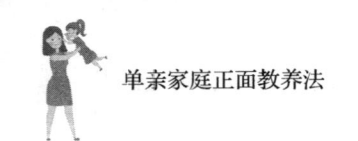

善于发现孩子的闪光点

曾经有一位名人说,这个世界上并不缺少美,缺少的只是发现美的眼睛。如果我们人人都拥有一双发现美的眼睛,在看世界的时候就会有很多惊喜,我们会发现原本平淡无奇的东西其实特别神奇,我们会发现原本貌不惊人的人有着别样的美,我们会发现那些让我们烦恼的事情只要换个角度看,就会给我们带来很多希望和生机。发现的眼睛是希望的眼睛,也是充满生命力的眼睛。父母在对待孩子的时候,也要带着这双发现的眼睛,善于发现孩子的闪光点。

作为父母,如果发现孩子身上的闪光点,就要及时给予孩子鼓励和肯定。当孩子遇到困难的时候,还可以激励孩子继续上进,这对于孩子坚持做到最好,促使孩子对父母心怀感激和信任都是有很大帮助的。具体来说,怎样才能成为一个善于发现的人,才能挖掘出孩子身上的闪光点呢?作为单亲家庭的父母,我们要做到以下几点。

首先,真诚地感谢孩子。很多父母都不愿意求助于孩子,更别说是感谢孩子了,哪怕他们认为孩子真的做得很好,是自己的骄傲,也不愿意向孩子表达自己的感受。这是因为父母从小就被灌输了错误的观念——骄傲使人落后。正是在这种观念的驱使下,他们才持续地否定和打击孩子,希望孩子保持谦虚的心态,始终积极进取。殊不知,从心理学的角度来说,一个人如果非常努力却从来得不到认可和肯定,那么他最终不是变得更加努力,而是会选择放弃。每个人都希望自己的努力和能力都得到认可和肯定,孩子更是如此。孩子最看重的人就是父母,如果父母能够及时地认可孩子,给予孩子感谢,相信孩子会具有更强大的力量,争取做得

更好。

其次，教会孩子看到自己的优势和长处，发展核心竞争力。很多父母都会着眼于孩子的缺点和不足，总是试图帮助孩子弥补不足，而实际上，有一些孩子在某些方面不具备天赋，所以对于他们的这些不足弥补起来非常困难。与其花费这么多时间和精力去弥补不足，还不如发现孩子的优势和长处，从而给孩子更多的力量，激励孩子发展核心竞争力。

所谓核心竞争力，就是不同于他人的、他人无可取代的独特杰出的能力。在现代社会的竞争中，只有具备核心竞争力，一个人才能站稳脚跟。打个比方来说，我们没有必要非要让小鸡学会游泳，我们也没有必要非让狗学会抓耗子，我们可以发挥狗嗅觉灵敏的特点，让狗去闻很多东西，我们也可以发挥小鸡会飞的特点，让小鸡在树上做窝，这些都是可以实现的。

再次，当孩子犯错误的时候，不要一味地打击和批评孩子。人人都会犯错误，孩子在成长的过程中更是会犯错误，不要因为错误就给孩子贴上负面标签，打击孩子的自信心。错误并不可怕，最重要的是我们在面对错误时采取怎样的做法和态度。如果我们能够积极地踩着错误的阶梯向上，从错误中汲取经验和教训，避免下次再次犯错，那么这个错误对于我们而言反而是进步的契机。

最后，看待问题的时候要转换思维和角度，从积极的方面看待问题。有的时候，我们只是从消极的方面看待问题，常常会感到沮丧绝望，而并不能看到问题之中蕴藏的生机。如果我们能够换一个角度寻找问题中积极的方面，也能够把问题往好的方面去想，那么说不定我们就会灵机一动，想出解决问题的好方法呢！危机之中恰恰蕴藏着转机，父母要看到孩子身上的很多缺点，却不要着急，也许孩子的优势带来的好处远远比他的劣势引起的弊端更好呢！

第08章 悄然进入孩子的内心世界：正面管教的实际运用

　　一切家庭教育的实施都要以孩子敞开心扉与父母之间进行沟通为基础。沟通是人际交往的前提，如果没有有效的沟通，再好的教育观念和教育方法也得不到贯彻执行。在单亲家庭生活中，父母一定要走入孩子的内心世界，这样才能实际运用正面管教。所谓走入孩子的内心世界，就是得到孩子的理解、爱和信任，并且让孩子感受到父母对他们的尊重。俗话说，不忘初心，方得始终。父母教育孩子更要始终牢记初心，那就是解决问题，而不是制造问题。

沟通是正面管教的前提

每一个父母都对孩子怀有殷切的希望,在与孩子相处的时候也都怀有良好的意愿,希望能与孩子之间建立和谐的关系,与孩子友好相处,走入孩子的内心,真正成为孩子的朋友。每个父母都对孩子怀有不同的期望,如果把所有父母的期望都集中到一起,就是希望孩子能够幸福。这样的期望当然是非常美好的,相信孩子自己也愿意如父母所愿获得幸福,然而在真正教育孩子的过程中,很多父母都会进入一个误区,即他们坚信孩子只要不按照他们所说的去做,就无法获得幸福。正是因为如此,很多父母才会对孩子强制要求,强求孩子接受他们的价值观,因为他们认为只有他们的价值观才是正确的;他们还要求孩子按照他们的标准做人做事,因为他们认为只有他们的标准才是正确的。总而言之,父母把自己定位为整个家庭生活中高高在上的权威者,孩子却是唯一的服从者。

遗憾的是,父母根本不知道孩子真正需要的是什么,也不知道孩子的所思所想,很多父母甚至不知道孩子目前在学校里正在学习什么内容。网上曾经有一个幽默的段子,意思是说一个爸爸居然不知道孩子读几年级,在家长会中走到了别的班级。正是这样的断层,使得父母与孩子之间的相处出现了很严重的问题。父母要想真正为孩子好,就应该走入孩子的内心世界,就应该知道在正面管教的过程中真正起作用的是什么,这样才能有的放矢地教育孩子。

在家庭教育中,很多父母都会因为孩子做错了一些事情而惩罚孩子。实际上,孩子的确会因为受到惩罚而停止错误的举动,但是也有一些孩子顽劣不堪,他们会固执地坚持自己认为正确的事情继续去做。这个时候,

他们会遭到更多的惩罚。实际上，在与孩子博弈的过程中，父母渐渐地会发现到底是什么因素在起到作用，让孩子最终停止了他们错误的行为，反而是那些对父母言听计从的孩子们，会以各种方式掩饰自己的内心，不愿意与父母发生冲突，从而使父母失去了了解他们的机会。很多父母都夸赞自己家的孩子很乖巧，是因为他们并不知道孩子真实的想法。那些顽劣的孩子因为一次又一次地与父母展开对抗，所以父母在与孩子斗智斗勇的过程中反而有所感悟。

看到孩子乖巧听话，父母们往往感到心满意足。父母让孩子不要顶嘴，孩子就很少在父母面前说话；父母让孩子不要做出某种行为，孩子就尽量避免在父母面前做出这种行为；父母因为一些事情惩罚了孩子，孩子就不再做那些事情；父母对孩子不公平，孩子就想办法撒谎，隐瞒自己真实的举动。这样一来，父母变成了孩子最熟悉的陌生人，孩子也变成了父母最熟悉的陌生人。父母们不知道，真正起作用的并不是这些强制的手段，看起来父母赢得了一场战役，其实父母并没有改变整场战争的方向。

教育孩子就是一场战争。父母为了让孩子表现得让自己满意，因而采取惩罚措施，说教甚至以羞辱的方式教育孩子。他们对孩子做出的任何行为都加以冠冕堂皇的理由。例如，有些孩子因为父母教育方式不当，选择离家出走，或者以轻生的方式试图唤醒父母，但是最终很多父母都不能理解孩子的行为，他们只会说孩子的心理太脆弱，将来即使走上社会也是个废物。这样的说法对已经逝去的孩子是很残忍的，有谁能够理解这些孩子的内心多么绝望，才会以这样决绝的方式，以付出生命的惨烈代价来与父母对抗呢？

父母总是抱怨孩子不听话，却不知道孩子的心底正在呐喊。孩子不知道父母为什么从来不愿意听他们说话，其实孩子很想与父母之间有良好的沟通，做到心有灵犀，心意相通，这样父母与孩子才能更好地相互配合。

尤其是在单亲家庭中，孩子唯一的亲人也许就是爸爸或者妈妈，所以他们更加依赖父母，也更愿意与父母搞好关系。作为父母，我们一定要保持理性的思考，要知道在亲子沟通或者是亲子教育中到底是什么在起作用，从而才能以更好的方式去对待孩子。

乐乐小学四年级的时候，因为受到了班干部不公平的对待，又因为老师偏袒班干部，所以与老师之间发生了不愉快。他在愤怒之余怒骂老师，老师非常生气地给爸爸妈妈打了电话。接到老师的电话之后，爸爸妈妈第一时间赶到学校接乐乐回家。

其实在当时，妈妈第一时间想到的是乐乐情绪这么冲动，是否会与老师之间发生冲突？是否会做出极端的举动伤害自己？她当即去接乐乐回家，就是为了保护乐乐。当然，不管老师做得对不对，乐乐骂老师都是不对的。如何才能让乐乐认识到自己的错误，又不至于对此表示抗拒呢？妈妈把乐乐接回家之后，等到爸爸离开了，又冷静了一段时间，才开始尝试着跟乐乐进行沟通。

妈妈并没有批评乐乐，而是询问了整件事情的始末。在乐乐开始讲述之前，妈妈提醒乐乐要客观地讲述，不要带有主观情绪，尽量还原事情真实的样子。可以看得出来，乐乐在讲述的时候尽量讲得更客观，而且尽量控制自己的情绪。听到乐乐讲完了整件事情，妈妈知道老师的确偏袒了班干部，对追求公平的乐乐而言是很难接受的。然而，社会就是这么不公平，如果处处都追求公平，孩子就会举步维艰。妈妈用了整个下午的时间跟乐乐沟通：什么是公平。

在了解了社会公平的现状之后，妈妈又向乐乐讲述了老师的工作是非常辛苦的，当着全班同学的面，之所以偏袒班干部，是因为班干部要在老师不在教室的时候维持班级纪律，所以老师才要树立班干部的权威。当然，妈妈也指出了乐乐的行为是错误的，如果乐乐不违反纪律，班干部就

不会惩罚他。更糟糕的是，乐乐还怒骂了老师。就这样，双方各打五十大板，但是却是以友好沟通的方式讲清楚了其中的道理，这样乐乐就能够做得更好了。

回想起以往和乐乐之间发生分歧的时候也经常闹得歇斯底里，而这次遇到了这么严重的事情，母子之间却心平气和地沟通，而且最终达成了共识，甚至乐乐发自内心地亲近妈妈，妈妈意识到真正起作用的是她自己以客观理性的态度与孩子沟通。从此之后，妈妈仿佛找到了一把钥匙，她在与乐乐沟通的时候尽量控制自己的暴脾气，做到尊重和平等对待乐乐，也做到对乐乐换位思考。就这样。原本是一件很糟糕的事情，在妈妈和乐乐共同努力之下，反而变成了一件好事。后来，乐乐不但修复了与老师的关系，而且与妈妈之间的相处也更加和谐愉快了。

通过这个事例，妈妈知道了如何与乐乐相处，也找到了打开乐乐心扉的钥匙。而乐乐呢，知道了要怎样与妈妈沟通才能取得更好的效果。在这样的关键时刻，妈妈并没有不由分说地批评乐乐，因此而赢得了乐乐的信任，所以他们都找到了让彼此愉快的关键。

很多父母虽然觉得自己是世界上最爱孩子、最了解孩子的人，但是实际上他们并不曾真正走入孩子的内心，也不知道如何与孩子沟通。只有找到沟通的关键所在，只有找到打开孩子心扉的钥匙，父母才能与孩子建立沟通渠道，也才能真正开始实施正面管教。

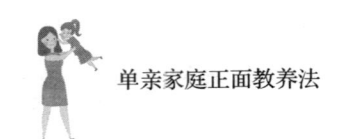

改变，是创造亲密关系的第一步

常常有些父母抱怨孩子与自己不够亲近，而且也不知道感恩。其实孩子的本心是非常信任和依赖父母的，而且他们深爱着父母。那么，为何孩子与父母之间的关系会渐行渐远，渐渐地疏离呢？这只能说明父母与孩子的相处出现了问题。

改变是创造亲密关系的第一步，在亲子关系中，父母占据着主导地位，改变当然也应该是由父母主动发起的。父母既有改变关系的意愿，又有改变关系的需求，就应该首当其冲。此外，孩子的人生经历有限，他们的思维和判断能力也正处于发展之中，所以在亲子相处中，父母更应该承担起引导者的角色，才能带着孩子一起迎来惊喜的改变。

作为父母，不要再抱怨孩子与自己很疏远，也不要抱怨孩子不够信任自己。孩子对父母有着本能的亲近和信赖，如果孩子没有表现出这一点，那么往往意味着父母某些地方做得不够好，所以父母的当务之急是反思自己，也积极地改变自己做得不好的地方，这样才能取得更好的教育效果。

既然每一个父母都希望孩子能够幸福成长，那么为何不从改变自己开始呢？其实，不仅父母和孩子都需要改变，如今的时代和整个社会也在改变，万事万物都处于变化之中。如果我们始终一成不变，那么就会陷入被动的局面之中。所以我们应该与时俱进，积极地寻求改变，这既是为了教育好孩子，也是为了让自己坚持进取。

现实生活中，很多父母因为对孩子不满意，动辄就说自己小时候如何如何。的确，父母小时候生活的条件没有这么好，但是却比现在孩子更加努力上进，他们吃了很多苦，却从来不抱怨，听起来他们在一切方面都比现在的孩子更好，但这并不能成为他们抱怨如今的孩子表现不能令他们满意的原因。因为如今的孩子生活在现代社会中，他们生活的环境，以及所生活的家庭，和他们的父母曾经经历的一切都是不同的，所以父母徒劳地提起自己过往的经历，对于孩子而言并没有任何作用。与其老生常谈，父母还不如忘记自己曾经成长的经历，把孩子放在现在的时代大背景之下去看待，也对孩子怀有宽容理解的态度。

改变自己的第一步就是要换位思考。很多父母都从主观的角度出发揣测孩子的内心，他们很少真正去想孩子到底在想什么，孩子需要什么，他们只是揣测孩子做一件事情的意图，甚至因此而误会和委屈孩子。如果父母能够放下自己的主观见解，真正站在孩子的角度上关心孩子，让孩子感受到来自父母的爱，那么相信孩子就能够敞开心扉，与父母更好地相处。

在对孩子换位思考之后，也可以对孩子现在的表现进行认可和赞赏。好孩子都是夸出来的，如果我们总是否定、批评和打击孩子，那么孩子的表现就会越来越差。相反，如果我们对孩子的评价很高，那么，孩子就会尽量让他的行为与他得到的评价保持一致。

真正的改变要以与孩子之间建立爱、尊重、理解和信任的关系为基础，相信当我们真正对孩子做到了这一点，我们的家庭之旅也会进入崭新的阶段。

自从离婚之后，妈妈发现琪琪就像变了一个人。原本，琪琪乐观开朗，现在却变得沉默寡言；原本，琪琪乖巧听话，现在却常常故意与妈妈作对。有的时候，琪琪还会说都是因为妈妈对爸爸不好，所以爸爸才会离开家的。琪琪哪里知道爸爸离开家是因为爸爸爱上了其他女人，不想再与妈妈一起生活了呢！但是，妈妈不想把这件事情告诉琪琪，她只想尽快调整好与琪琪之间的关系，开始她们母女相依为命的生活。

有一个周末，琪琪又开始闹腾起来，原因是爸爸原本说好了带着琪琪一起去游乐场，却因为临时出差爽约了。琪琪对此百般不满，她生气地对妈妈说："如果你和爸爸不离婚，我随时都能和爸爸去游乐场，就不用这样盼望着这一天的到来。"妈妈看着琪琪抓狂的样子，她一改往日批评和训斥琪琪的风格，而是语重心长地对琪琪说："琪琪，我知道，对于一个八岁的小女孩来说，突然失去了爸爸的疼爱和关注，一定会非常苦恼。如果我是你，我也会感到很难过，甚至我会比你的反应更加激烈。但是爸爸已经离开了家，他不想再和我一起生活了，这是我没有办法改变的。我也想有一个完整的家，我也想给你一个完整的家，然而我们现在应该好好地一起生活。我知道你很难，但是我始终在你身边。"

听到妈妈这句话，琪琪突然号啕大哭起来。她羞愧地对妈妈说："妈妈，对不起，我知道这一切都不怪你，但是我很伤心，所以我会故意说一些话惹你生气。"妈妈把琪琪拥抱在怀里，对琪琪说："妈妈知道你是很爱妈妈的，妈妈也很爱你。妈妈希望能够让你开心快乐。虽然爸爸不是每天和我们生活在一起，但是他周末还是尽量会陪伴你的。所以我们都要好好的，好吗？你是我见过的最坚强的女孩，你也是妈妈的榜样。如果没有你，妈妈可能会更崩溃，幸好有你，妈妈才不得不假装坚强。我发现假装坚强着，我就真的变得坚强起来了，也就熬过了艰难的日子。"琪琪被妈妈逗得忍不住破涕为笑，从此之后，她再也不跟妈妈做对了。她又重新变回了那个乖巧可爱、听话懂事的小女孩。

心结是最难解开的，如果亲子之间相处有心结，那么不管做什么都是错的；如果亲子之间都能够敞开心扉，彼此尊重和信任，彼此包容和理解，那么即使做错了一些事情，也是可以原谅的。所以父母一定要争取进入孩子的内心世界，与孩子心贴着心，这样才能了解孩子的言行举止。

虽然打开孩子的心扉，了解孩子的内心是一项浩大的工程，而且未

必是以我们的主观意志为转移的，但是我们必须去做。哪怕花费更多的时间和精力，当我们真正把这项工作做好之后，我们与孩子的相处就会更愉快，我们的家庭生活也会一帆风顺。

你了解自己的孩子吗

有的时候，父母明明对孩子提出了期望，孩子的行为举止并没有变得更好，反而变得越来越恶劣，这是为什么呢？例如，顽皮的孩子更加顽皮，撒谎的孩子变本加厉，淘气的孩子更加淘气，不喜欢写作业的孩子居然开始逃学。那么，孩子到底出现了什么问题，才会故意与父母对着干，故意让父母感到抓狂呢？

心理学家经过研究发现，很多时候，孩子的恶劣行为之所以变本加厉，是因为大人的期待过高。如果成人总是给孩子过高的期待，对孩子提出严苛的要求，孩子再怎么努力也不能令父母满意，那么他们就不会继续努力，而是会破罐子破摔，因为既然努力也会被抱怨、否定，不努力同样是被抱怨和否定，那么他为何不放纵自己，选择一种让自己更舒服的方式对待成长呢？

举例而言，父母带着孩子去了一家糖果店，面对五颜六色、琳琅满目、来自世界各地的优质巧克力，孩子本身就特别喜欢吃巧克力，父母即使再怎么叮嘱孩子不要碰这些东西，孩子也会忍不住盯着这些东西看。如果有机会，他们还会用手去摸这些糖果。如果有试吃的产品，他们肯定还会去吃，这是因为孩子受到了本能的驱使。不要期待孩子会有超强的自制力，有的时候即使是成人，也不可能只凭着毅力就掌控好自己的行为。所以父母不要站在成人的角度上对孩子提出不切实际的要求，而是要把孩子当成孩子，了解孩子的身心发展特点，也理解孩子的很多行为举动。

在一些特定的环境中，如果孩子表现出异常的行为举动，父母不要呵斥孩子，而是要蹲下去，从孩子的视角来看这个世界。曾经有一个妈妈带着才几岁的孩子参加公司年会，面对着琳琅满目的零食、糕点、糖果，妈妈觉得孩子一定会非常喜欢会场，却没想到孩子只是在年会的圣诞树下玩了一会儿，就吵闹着要回家。妈妈很不理解，几次安抚孩子，孩子还是哭闹不休。最终，妈妈只好生气地蹲下去，试图抱起孩子离开会场。直到这个时候，她才发现从孩子的视角看去，这是一个糟糕透顶的年会，因为孩子根本看不到那些美丽漂亮的东西，他们只看到了走来走去的腿和各种各样的脚。这是多么可怕的一件事情啊！妈妈恍然大悟，这才知道孩子为何吵闹着要回家。她当即抱起孩子离开了会场，从此之后，她再也不会站着看孩子的世界。每当孩子有异常或者是情绪躁动的时候，她都会从孩子的视角看世界，第一时间就理解孩子的情绪和感受，从而有效地安抚孩子。

对于十几岁的孩子而言，他们也许已经长得和父母一般高，甚至比父母更高了，父母也就无需蹲下去从孩子的视角看世界。然而，这也仅仅意味着孩子眼中看到的客观世界和父母是相同的，但是孩子的心智发育还不成熟，他们从主观角度看到的世界和父母所了解的世界却是不同的。所以，父母要学会换位思考，站在孩子的立场上考虑问题，理解孩子做出的很多行为。

每个父母都自称是世界上最了解孩子、最爱孩子的人，实际上，孩子并不认为父母真正了解自己。只有极少数孩子和父母相处得像朋友，他们既依赖父母，又能够与父母平等相处。除此之外，大多数孩子都被父母压制或者强求，所以他们与父母的心理距离是非常远的。作为父母不要试图控制孩子，也不要总是采取惩罚的方式管教孩子。只有在了解孩子的基础上，以正面管教的方法与孩子进行沟通，以积极的方式去对待孩子，才能让自己与孩子之间弥漫的硝烟得以消散。

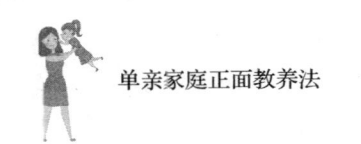

了解行为背后的心理需求

在成长的过程中，孩子常常会做出很多让父母不理解的事情，父母会称为错误。尤其是当这些事情给父母惹来很多麻烦的时候，父母对此往往特别反感，甚至因此而批评和惩罚孩子。在单亲家庭里，父母既要忙于工作，又要照顾家庭，还要承担起教育孩子的重任，的确会感到很焦虑。父母应该意识到，批评或者是惩罚并不能真正帮助孩子改变他们错误的做法。父母之所以热衷于批评和惩罚孩子，是因为父母只看到了孩子的行为错误给他们带来的麻烦，而没有意识到孩子在行为错误背后隐藏的真正原因。

父母要找到孩子行为背后隐藏的深层次心理原因，满足孩子的心理需求，孩子的行为才会有所改观。否则，孩子就会因为得不到满足，而持续糟糕的行为。举个简单的例子来说，很多孩子都有人来疯的表现，家里越是有客人做客，他们越是硬往前凑，在客人面前做出各种疯狂的举动。这个时候，父母往往觉得很尴尬，也会忍不住训斥孩子，但是效果甚微。从心理学的角度来说，孩子之所以出现人来疯的表现，是因为他们渴望得到关注，如果父母能够刻意安排孩子给客人表演一个节目，或者当着客人的面夸赞孩子，那么孩子在得到心理满足之后，就会乖乖地去做自己该做的事情。

孩子所做出的每一种行为背后都是有心理原因和心理需求的，父母要有火眼金睛，透过孩子的行为看到孩子真实的心理需求，这样才能迎合孩子的心理，也才能满足孩子的需求，从而帮助孩子有效地改善行为。

当然，孩子并不会主动地说出自己在行为背后的心理需求和动机，也有可能孩子并不知道自己是出于特殊的心理动机和需求才做出了特定的举动，因为他们是在潜意识的驱使下不自觉地做出了相应的行为。那么，父母可以在猜测孩子行为目的的过程中，揭示孩子的行为目的，从而得到孩子的验证。这也是帮助孩子剖析内心，看清楚自己真实需求的一种好方法。

有的时候，孩子并不愿意回答父母的问题，因为他们可以感受到父母试图窥探他们的内心。例如，孩子在周末不愿意和爸爸见面，那么作为孩子的监护人，妈妈可以问孩子："你不想和爸爸见面，是想留在家里陪着妈妈吗？"孩子很可能不想谈论这个问题，他会直接回答："不知道。"妈妈在提问的时候，不要为对问题答案有所期望，也不要因为孩子回答不知道就感到失望。这只是妈妈揣测孩子心思的一种方式，就像在猜谜语，如果这次猜不对，那么就要继续猜下去。妈妈也可以问孩子："是不是上个星期你和爸爸相处得不太愉快呢？"如果孩子还是回答不知道，那么妈妈就继续猜下去；如果孩子没有回答，那么妈妈可以想象到自己已经接近答案。很有可能，孩子会直接认可这个回答，那么妈妈就可以借此机会询问孩子到底发生了什么事情，从而了解孩子的真实想法。

很多孩子都试图掩饰自己真实的心意，这是因为他们不愿意在父母面前表现出自己软弱的一面，或者他们希望自己看起来更像成人那么坚强，有承受能力。但实际上，只有他们自己知道，他们的内心正在流血。他们感到特别失落，他们不知道如何排遣自己的负面情绪。

在试探孩子行为目的时，父母要坚持以下几个原则。

第一个原则，父母很有可能是导致孩子心理问题的一个重要因素，所以要主动承担起属于自己的责任。有的时候，父母和孩子沟通的时候，要扮演好倾听者的角色；有的时候，父母和孩子沟通，要承担起讲道理的角色。大多数情况下，父母要先倾听孩子，孩子说得越多，就意味着我们越是能够接近孩子真实的想法。从这个意义上来说，孩子乐于倾诉是一件好事。父母一定要对孩子有耐心，给予孩子积极的回应，而不要急于说教和惩罚孩子，否则就会让孩子对我们产生敌意，甚至会故意疏远我们，这样一来，我们就只能得到负面的结果。

第二个原则，可以和孩子事先约定好有几次猜测的机会，也可以争取得到更多猜测的机会。如果猜测错误，那么我们可以继续探究孩子的内心，多一次尝试的机会，我们就可以与孩子更深入地沟通，这当然是很好的。

第三个原则，要建立爱和亲密的基础。如果孩子根本不信任父母，故意疏远父母，那么不管父母猜测多少次，他们都会拒绝与父母沟通。这将直接导致父母无法获得自己想要的结果。信任才是良好沟通的前提条件。

第四个原则，学会启发孩子的思维状态，激发孩子的谈兴。现实生活中，有些人是话题终结者，因为他们情商很低，不会聊天。在与人沟通的时候，往往一句话就会说得人兴致索然，谁愿意继续谈下去呢？有些父母对孩子正是如此，虽然他们很爱孩子，但是他们的语言驾驭能力却并不强，这使得他们说出的话并不入孩子的耳，孩子也根本不愿意听。

第五个原则，认可和接纳孩子的感受。很多父母都不愿意认可孩子的感受，更不接纳孩子的感受。他们试图改变孩子的感受，让孩子承认父母说的才是对的，这显然是不尊重孩子的表现。不管孩子面对什么样的问题，父母都要认可和接纳孩子的感受，因为感受并没有对错之分，是孩子真实的情绪反应。只有得到父母的认可与接纳，孩子才愿意向父母倾诉。

第六个原则，如果情绪激动，请保持冷静。在进行讨论时，不一定必须要寻找到最佳的解决办法，也许只是通过揭示目的来了解孩子内心，对孩子就已经能够起到很好的安抚作用。尤其是当孩子情绪激动的时候，看到父母正在用心地倾听他，他的感觉就会好多了。当然，如果孩子谈兴

正浓，那么我们可以和孩子展开积极的讨论，很多情况下，只有讨论就足够了，这会让孩子感受到他是被父母关注和深爱的，所以他会更加亲近父母。

只要掌握这些方法，父母与孩子相处时，就能更加接近孩子心灵的深处，了解孩子真实的内心，这对于构建良好的亲子关系，帮助父母进行良好的亲子教育，都是卓有成效的。

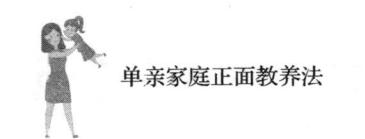

让孩子承担自然后果，让孩子理解逻辑后果

什么是自然后果呢？所谓自然后果，就是随着事情的发展自然出现的结果。举例而言，一个孩子晚上不想睡觉，直到深夜才睡着，那么自然后果就是次日清晨，他醒来的时候非常困倦，甚至因为起床太晚了，导致上学迟到，被老师批评。在这个事例中，因为睡得太晚，次日起床的时候非常困倦，就是自然后果。因为上学起床太晚上学迟到，所以被老师批评，是这个行为的逻辑后果。逻辑后果有可能发生，也有可能避免。如果孩子坚持晚睡觉，导致第二天晚起，又导致第二天迟到，那么这个逻辑后果就会发生。如果父母第二天早晨早早地喊孩子起床，即使孩子不愿意起床，非常困倦，父母也强求孩子必须按时起床，那么这个逻辑后果就不会出现。当然，更早一步的干预出现在头一天晚上，在孩子该睡觉的时候，孩子因为兴奋而不想睡觉，父母可以告诉孩子不睡觉的结果是直接导致次日起床困倦，间接导致次日到校迟到，被老师批评。

也许有人说，防患于未然是最好的方式，早一些对孩子展开说教，让孩子知道晚上不早早睡觉，次日会被老师批评这样才能让孩子主动睡觉。从成人的逻辑角度来说，这样的思考是顺理成章的，但是对于年幼的孩子来说，他们更贪恋于眼前多玩得到的快乐，而不会因为明日才有可能受到的批评当即管理好自己的行为。所以父母无需对孩子进行过度说教，让孩子预见到逻辑后果的严重性，而是可以让孩子亲身体验自然后果带来的负面影响，也让孩子亲身体验逻辑后果给自己带来的困扰，这样当下次再遇到同样的情况时，即使父母不再对孩子进行说教，孩子也会主动管理好自己。

当然，有些事情的逻辑后果非常严重，是我们所不能承受的。例如孩子坚持自己去上学，而他在上学的路上要过三个十字路口。如果孩子很小，那么父母是不能用逻辑后果来说服孩子的，因为孩子不会意识到这个行为带来的危险。但是，父母作为成人却很清楚这么做相当于把孩子置身于危险之中，在这种情况下，父母要把逻辑后果反复地讲给孩子听，而不能让孩子以身试险。

在正面管教之中，对于自然后果，父母可以让孩子亲身经历，对于严重的逻辑后果，父母则要想方法帮助孩子理解。从某种意义上来说，自然后果是逻辑后果的初级形式，如果孩子从来没有经承受过自然后果，那么他们对逻辑后果的严重性，就不会有那么深刻的理解。

父母在教养孩子的过程中，不要一味地对孩子说教，或者阻止孩子做那些危险的事情。实际上，我们反复地说未必能取得良好的后果，还不如让孩子亲自去撞一撞南墙。只要能够保证孩子的安全，孩子即使受到小小的伤害，是没有关系的。

在单亲家庭生活中，很多父母为了保障孩子的安全，会对孩子做出各种限制，不让孩子有任何自由的空间。这会使孩子对父母极其不满。父母要学会对孩子适当放手。如果父母永远抓着孩子的手，不允许孩子离开自己的身边，孩子就永远不会长大。父母要认识到，只有给孩子更广阔的空间，让孩子自由健康地成长，孩子才能长大。正所谓不经历风雨，怎能见彩虹。不要担心孩子在独立做很多事情的时候会受到伤害，恰恰是这些伤害或者是挫折、磨难，给了孩子成长的动力。

现实生活中，太多父母都对孩子事无巨细地包办，不管孩子想做什么事情，他们都会代替孩子去做；不管孩子闯了什么样的祸，他们都会帮孩子去处理好；不管孩子有什么样的欲望，他们都会无限度地满足孩子。正是在父母这样无限的娇纵和宠溺之下，孩子的行为才会失去边界。

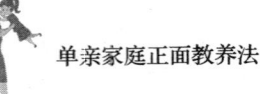

让孩子承担自然后果比惩罚孩子的效果好得多，也比对孩子展开说教的效果好得多。当然，对于那些不可承受的伤害，父母要帮助孩子理解逻辑后果，让孩子知道这样的逻辑后果是不能发生的，因为带来的伤害是不可逆的。

在运用让孩子承受自然后果的方式教育孩子的过程中，父母还要避开几个误区。

第一点，不要责怪和惩罚孩子，也不要羞辱孩子。有些父母已经提醒了孩子会出现怎样的自然后果，但是孩子却对此不以为然，他们不到黄河心不死，非要坚持去做。在这种情况下，如果孩子不得不承担糟糕的自然后果，父母切勿嘲笑、挖苦、讽刺孩子，而是要与孩子产生共情，感受孩子的情绪，体会孩子的感受，这样才不至于引起孩子的反感。

第二点，不要替代孩子解决问题，不要为孩子做好弥补和拯救的工作。孩子应该有责任心，为自己的错误行为负责，父母要把这样的机会留给孩子。如果父母不由分说地剥夺了孩子为自己的行为负责的机会，那么自然后果的惩罚效果就会大打折扣。

第三点，不要惩罚孩子。孩子承担自然后果就已经受到了自然的惩罚，这种情况下，如果父母再惩罚孩子，那么会让孩子特别反感。有些孩子因为觉得丢了颜面，还会破罐子破摔，故意与父母对着干，这对于教育是毫无帮助的，还有可能事与愿违。

父母要知道，惩罚孩子并不能让孩子主动改变不良的行为，相反，他们为了保护自己不再被惩罚，或者是为了报复、伤害他人，甚至会变本加厉。孩子这样的改变显然是父母不想看到的，在这种情况下，父母只要引导孩子承担责任即可，而不要做出多余的惩罚举动。

不管是自然后果还是逻辑后果，对于孩子来说都需要一定的承受力，都需要他们为自己的行为负责。父母一旦与孩子达成了共识，确定了孩子

要承诺承担自然后果，甚至是逻辑后果，那么父母就要坚持到底，不要因为心疼孩子就半途而废。唯有坚持，孩子才会在亲身感受的过程中进行更深刻的思考。坚持也会让父母知道，原来孩子的承受能力是很强的，他们并非像父母所想的那样孱弱和不堪一击。当然，无论怎么样，父母都要尊重孩子，平等对待孩子，因为自尊心是一个人精神的脊梁。

第09章
非惩罚性管教：单亲父母的有效管教工具

惩罚性管教并不能总是起到预期的效果，有的时候还会导致事与愿违，所以每一个父母都应该知道，管教的目的是教会孩子为自己的行为负责，是引导孩子积极地寻找各种办法真正地解决问题，并且避免再犯同样的错误，或者即使再次遇到相同的问题时，也能够作出正确的应付。

惩罚性管教不能培养孩子的自控力

对于管教，很多父母都缺乏正确的理解，他们甚至误以为所谓管教就是要惩罚孩子，美其名曰为了让孩子长记性。实际上，在正面管教的教育理念中，很多父母都在坚持非惩罚性管教。

所谓非惩罚性管教，就是以不惩罚孩子的方式对孩子达到管教的目的。对此，很多父母都表示怀疑。他们认为对孩子采取非惩罚性管教的方法是不明智的，这是为什么呢？因为父母从自己小时候成长的经历中，以及从社会生活吸取的教训中，已经形成了一个错误的观念，对于管教产生了极大的误解。他们误以为管教就是孩子必须遭受痛苦，这样他们才能够学会很多东西，才能够避免再次犯错。正是在这种错误思想的指引下，很多父母才会采取打骂孩子的方式管教孩子，才会以高压强制的方式让孩子尊重自己。中国有句古话，叫作棍棒底下出孝子。由此可以看出，打骂管教、惩罚性管教的方式由来已久。

从心理学的角度来说，惩罚性管教非但不能培养孩子的自控力，还会让孩子失去自控力。惩罚性管教的最终结果使父母控制孩子成为可能，这直接导致孩子认为自己无需控制自己。随着年龄增长，孩子的体力和能力都越来越强，他们对于父母的惩罚性管教也会采取抗拒的态度。由此一来，家庭生活就变成了一场不断升级的权力之争，亲子关系也会剑拔弩张，持续恶化。

真正的管教与惩罚或者是控制毫无关系，管教最初来自拉丁词，意思是追求真理和原则的人，或者是受人尊敬的领导，或者是教的意思。由此可见，所谓管教，就是要教导和帮助孩子，引导孩子在面对各种事情的时

候做出明确的选择，采取恰当的行为，这样孩子才能为自己的言谈举止承担起相应的责任。

孩子在成长的过程中总会犯各种各样的错误，父母为了让孩子在第一时间就改正错误，也为了让孩子在未来避免再犯同样的错误，就会以惩罚的方式对孩子施加后果。有些父母为了达到惩罚的目的，不但会让孩子承担自然的后果，还会让孩子承担逻辑性后果。如果父母从来不知道管教的目的和意义，也忘记了管教的初衷，那么他们与孩子的相处就会出现很多问题。我们必须记住，我们管教孩子的初心是希望孩子能够为自己的行为负责，并且找到办法切实地解决问题，也在未来再次遇到同样的问题时，能够做出正确的应对，这才是真正达到了管教的目的。父母只有记住这一点，才能管教好孩子。

惩罚性管教会引发很严重的后果，它会让孩子失去自控力，让孩子不再进行自我管理，而完全依赖于父母的管教。在成长的过程中，很多父母也曾经接受过惩罚性管教，所以他们认为惩罚性管教是完全正常和合理的存在，甚至认为孩子在成长的过程中必须接受这样的惩罚。从短期范围内来看，惩罚性管教仿佛真的有用，但是我们要去思考，在惩罚性管教实施之后，究竟是什么在真正产生作用。此外，惩罚性管教在短期之后失去效果，结果又会如何呢？

事实证明，经常接受惩罚性管教的孩子自控能力非常差，他们一旦发现父母不在身边，不能随时监督他们，他们的行为就会变得放纵。他们不能很好地管理和控制自己，而且常常会表现出暴力倾向，与他人发生冲突，这些都是惩罚性管教带来的恶劣后果。

相反，当父母坚持不惩罚孩子，而是以教育和引导的方式对孩子讲道理，或者通过让孩子承担自然后果的方式，让孩子自觉主动地领悟道理，孩子的自控力就会越来越强。

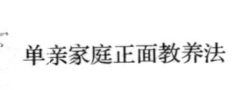

要想管教孩子，让孩子懂事听话，最重要的不是对孩子采取高压政策，对孩子强权控制，而是要把权利放给孩子，给予孩子更大的自由，这样孩子才能坚持做好自己。如果不想让父母的所有教育方式在孩子长大之后都彻底失灵，那么就要从现在开始戒掉惩罚性管教的行为习惯，给予孩子更多的自主空间，让孩子快乐地成长。

采取最优方案

在单亲家庭生活中，如果父母对孩子的很多事情都不能控制，而且孩子自己也不能管好自己，那么家庭生活就会一团糟，也会发生很多难以预期的突发事件。对父母而言，如何对待孩子，才能让家庭生活井然有序呢？如何管教孩子，才能让孩子的言行举止符合父母的预期呢？最优方案是什么呢？其实，很多事情都应该防患于未然。与其亡羊补牢，不如预先做好防范措施，尤其是在管教孩子方面，父母更要注重教育和引导孩子，这样才能让孩子自发地做出良好的表现。如果父母只是盲目地惩罚孩子，只是以居高临下的姿态压制孩子，那么非但不能让孩子真正地改变，而且还会导致孩子刻意地与父母作对，使家庭教育陷入困境之中。

如果父母能够防患于未然，避免采取惩罚的措施对待孩子，改成采取有效的管教措施，在家庭生活中营造愉悦的氛围，并且以孩子的能力为起点，考虑到孩子在思考和决策方面的局限性，给予孩子合理的建议，那么在问题发生之前，父母就能够和孩子一起预防问题的发生，这正是正面管教的魅力所在。

乐乐是一个容易情绪冲动的孩子，常常会因为情绪失控而做出一些让妈妈尴尬的事情。到了周末，妈妈要带着乐乐去参加一位朋友的婚礼，想到乐乐有可能因为过于兴奋而情绪亢奋，所以妈妈在带着乐乐出门之前就与乐乐作出约定。

妈妈对乐乐说："首先，我不会当着别人的面批评你，但前提是你要好好表现，不能当着别人的面给我难堪，这样我们才能互相尊重。如果你再像以前那样情绪爆发，当着他人面给我难堪，那么我就不能保证自己做得很好。"乐乐当然愿意开开心心地参加婚礼，而不想和妈妈发生争执，所以他当即就和妈妈达成了一致。

正是因为在参加婚礼之前就有了约定，所以在整个婚礼上，乐乐尽管偶尔有一些情绪波动，也能够很好地控制自己。妈妈呢，也说到做到，她对乐乐始终温言细语。有了这次的经历之后，乐乐认为和妈妈友好相处是一件令人愉快的事情。婚礼结束之后，在回家的路上，乐乐对妈妈说："妈妈，以后我们都这样，好不好？你也不对我发脾气，我也不对你发脾气。"妈妈当然愿意啦，她当即下对乐乐说："妈妈有的时候脾气火暴，不能顾及你的感受，我会尽量改正的。如果你认为我的脾气不太好，可以提醒我改正，好不好？如果我发现你有情绪失控的苗头，我也提醒你，好吧？"经历了这次事情，妈妈和乐乐之间找到了更好的相处方法，她们采取了最优方案，让彼此都觉得很舒适。

孩子是很容易情绪化的，这是因为他们做事情的时候并没有考虑那么多。在这样的时候，父母要想与孩子更好地相处，就应该考虑得比孩子更为长远一些，才能给予孩子更好的帮助和引导。未雨绸缪总比亡羊补牢来得更好一些，所以，要想让孩子做出更好的行为，父母就要想出一些有效的方法。

不要像以往那样强迫孩子必须去做，而是应该引导孩子正确地去做，这样孩子才会更加心甘情愿。也许在小时候，孩子能够接受父母的指挥和命令，但是随着渐渐长大，孩子的自我意识越来越强，所以他们未必愿意接受父母的管教和指令。在这种情况下，引导就是必须的。引导的前提是要尊重孩子，要给予孩子选择的权利。成人也有这样的感受，那就是不愿意被强迫，孩子同样如此。如果成人总是强迫孩子去做一些事情，孩子就会奋起反抗。成人应该更尊重孩子的意愿，引导孩子自主做出决定，让孩子自由地去做一些事情，这样孩子才能表现更好，做得更好。

在和孩子相处的过程中，父母应该学会做出小小的让步。只要用心地观察，父母就会发现，当父母和善坚定地对孩子说一些话的时候，孩子是更愿意听的。当父母颐指气使地对孩子下命令的时候，孩子往往会对此表示反对和抗拒。所以父母应该理性地思考，选取最优方案，这样很多事情才会水到渠成，与孩子的相处也才会更加愉快。

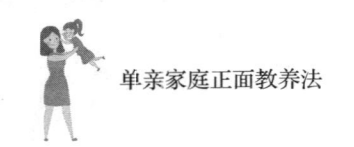

让孩子亲自参与

父母对孩子采取惩罚教育的方式，会给孩子带来严重的后果，会使孩子采取蓄意报复的方式发泄愤怒，也会使孩子采取各种各样的方法避免被人发现自己的不良行为。有些孩子在长期压抑的过程中，还会故意伤害他人。他们并没有意识到，这样的后果是由于他们自身的选择所造成的，这是因为父母在其中起到了很大的干预作用。如果父母已经决定了让孩子承担自然后果，那么就不要过多干预孩子；如果父母已经决定了放任孩子承担逻辑后果，那么父母就不要在孩子承担逻辑后果之后对孩子冷嘲热讽。前文说过，对于孩子的教育问题，未雨绸缪大于亡羊补牢。父母要想对孩子犯错起到一定的警醒作用，就要让孩子积极地参与。孩子只有亲身承担起错误的后果，也认识到错误的后果有多么严重，他们才会进行深刻的自我检讨，也才会主动改变自己错误的做法。

作为单亲家庭的父母，可以把注意力更多的集中在孩子未来的行为上，让孩子通过思考做出选择。在承担选择造成的后果时，要认识到后果的严重性，也知道之所以会产生这样的后果，与自己的行为是密切相关的。这样孩子就能真正地参与管教的过程，父母对孩子的管教也会更加行之有效。

举个最简单的例子来说，很多父母在孩子到了吃饭时间还没有回家的情况下，会反复地催促孩子，一遍又一遍地给孩子打电话，还会告诉孩子"全家人都在等你回家一起吃饭呢"。父母这么做，孩子下一次只会回来得更晚，而且对于晚回家这件事情丝毫不会感到愧疚。那么，正确的做法是什么呢？正确做法是，打电话告诉孩子家里会在六点钟准时开饭，如果

孩子在六点钟没有回家吃饭，那么他只能等到第二天早晨吃早饭了。即使回家之后感到饿了，也不许吃任何东西。听到如此明确的告知，孩子选择结果就会非常明确。如果孩子选择六点之前回家，他就可以在六点钟的时候和家人一起吃晚饭；如果孩子选择在六点之后回家，那么他只能等到次日早晨吃早饭，即使挨饿也不能抱怨。在孩子挨饿的时候，父母无需对此表示嘲笑，只需要尊重孩子，让孩子见证他们坚持的选择即可。

有些孩子对于计划的制订是非常感兴趣的，那么父母可以积极地鼓励孩子参与制订计划，当事情或者是行为有了严重的后果时，父母也可以让孩子参与讨论如何解决问题。在此过程中，看到孩子承受了消极的自然后果或者是逻辑后果，有些父母会感到心疼，其实这是完全没有必要的。俗话说，不经历无以成经验，如果孩子从来不曾为他们的行为真正负责，那么他们就不会认识到这件事情的严重性。所以父母要坚持与孩子约定的后果，而不要因为一时心软，就让所有的努力都付诸东流。

让孩子亲自参与，避免消极逻辑后果，或者是从承担逻辑后果的过程中形成责任感，父母一定要避开下面的三个误区。

首先，做事后诸葛亮。在事情发生之前，父母就要帮助孩子明确逻辑后果是什么，让孩子知道逻辑后果的重要性。这样孩子在做选择的时候才能更好地权衡，如果孩子根本不知道逻辑后果是无法承受的，就懵懵懂懂地做出了选择，那么他们往往很难坚持去承担。

其次，刀子嘴豆腐心。很多父母总是在孩子做出选择之前声色俱厉地要求孩子必须明智理性，一旦孩子做出了不明智的选择，需要承担责任的时候，他们又会因为心疼孩子，选择帮助孩子，甚至取消对孩子的自然惩罚，这些行为都是对教育孩子极其不利的。因此父母要和善而坚定地坚持，让孩子承担逻辑后果。

最后，故意夸大逻辑后果，试图恐吓孩子。很多父母最终的目的是希

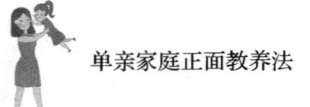

望孩子能够做出明智的选择，所以对于那些会引起不良后果的行为，他们往往会故意夸大逻辑后果，试图以这种方式恐吓孩子，让孩子做出理性的抉择。对于孩子而言，这当然是有一定效果的，但是如果父母总是用这种方法对待孩子，渐渐地孩子知道了父母是在恐吓他们，那么他们也就不会再与父母真诚相对了。如果父母频繁地这种方法，还会面临失效的危险。所以在夸大逻辑后果的时候，父母一定要预测到这个后果带来的负面作用，斟酌利弊之后，再决定是否采用这种方式教育孩子。

还需要注意的是，逻辑后果应该被和善而坚定地执行，而不应该被以愤怒、指责或者是说教的方式被故意夸大，尤其是在事情发生之后，如果父母不能控制好自己的情绪，带有很浓重或者是反感的情绪要求孩子承担逻辑后果，那么这样的方式更像是一种惩罚管教，而不而不是让孩子从逻辑后果中主动领悟。

总而言之，父母对孩子做出的一切举措都应该有孩子全程参与，孩子应该参与制订计划，参与讨论，也应该参与为后果负责，这样他们才能渐渐地成长。孩子要明白一个道理，即每个人都要为自己的行为负起责任，每个人也都有属于自己的人生需要经营。

坚定不移地去做，坚持到底

面对孩子，很多父母都不能做到坚持到底，就是因为他们常常会心疼孩子，所以代替孩子去承担很多责任，或者是放弃对孩子的惩罚。其实，当孩子参与了制订计划，父母只需让孩子承担后果，那么无论这个后果是不是孩子参与做出来的，都必须坚持到底。如果这个后果是应该由孩子承担的，那么父母就要在尊重孩子的基础上，坚持要求孩子承担后果。当然，父母必须把握好情绪，采取合适的方式对待孩子，从而避免让孩子认为我们是在惩罚、责备、羞辱他们。

这里我们要再次提到家庭教育正面管教的一个关键词，那就是和善而坚定。所谓和善指的是情绪平和，内心善良。所谓坚定，顾名思义就是要坚持到底，不能半途放弃，也不能因为任何原因而轻易改变。和歇斯底里的情绪相比，和善坚定的情绪会让孩子更加相信父母已经做出了明智的思考，所以才最终做出了这样的决定。对于孩子而言，他们不会再试图以此与父母之间展开讨论，他们会乖乖地履行自己的责任。

作为单亲妈妈，小雅每天都非常忙碌。她不但要工作，还要照顾孩子的吃喝拉撒，每当看到孩子因为玩耍把家里弄得乱七八糟时，小雅难免抓狂。最终，她想出了一个办法。她买了很多整理箱，要求孩子把不同的玩具分类整理归放，并且在整理箱上贴了玩具类型的名称。刚开始的时候，孩子因为觉得有趣，非常配合地把玩具放到相应的玩具箱里，但是随着时间的流逝，孩子认为整理玩具太辛苦了，渐渐地就放弃了。对于孩子这样的表现，小雅感到特别愤怒，她常常因此而骂孩子，却收效甚微。

一个周末的下午，小雅在家中大扫除，好不容易才把家里打扫得干干净净，转眼之间孩子就把玩具扔得乱七八糟。这个时候，小雅决定换一种方式对待孩子，因此她尽量控制住自己的愤怒，努力说服自己要保持情绪平静。等到情绪恢复平静之后，她对孩子说："现在你可以玩玩具，但是等你玩完之后，你必须把玩具放到相应的箱子里。如果你不能做到这一点，我会把所有的玩具都捐给孤儿院，让那些可怜的孩子们玩。这样，你以后就不会把家里弄得乱七八糟了。"听了妈妈的话，看到妈妈和往日不同的反应，孩子感到很紧张，他瞪大眼睛看着妈妈，不知道妈妈到底是怎么了。这个时候，小雅还是心平气和，面色平静，丝毫没有生气。不过，小雅再次叮嘱孩子记得收玩具。说完，小雅就离开了房间，她不想因为自己在这里对孩子形成威慑力，而是想让孩子自己决定怎么做。

果然，等到小雅回来的时候，孩子已经把玩具都收拾好了。虽然孩子把有些玩具放进了错误的箱子，但是孩子能够主动地保持地面的清洁，还是让小雅如释重负。在小雅的引导下，孩子渐渐地把玩具收拾得越来越好，他把所有玩具都分门别类地放置。每当周末，他还会拿起一块干净的毛巾擦拭玩具呢。

因为孩子学会了维持家里的干净整洁，小雅的家务活少了很多。到了周末，在完成家里所有的事务之后，小雅终于有机会坐下来静静地享受属于自己的时间，安静地读书，或者看一部自己喜欢的电影。

如果父母在决定对孩子怎么做之后又突然改变了想法，这并不意味着孩子能感受到父母对他们的宽容，孩子反而会认为父母说出去的话并不算话，更是会觉得只要他们坚持，父母就会妥协。这会给未来的亲子关系造成很大的困难和障碍，有的时候，父母即使知道自己应该对孩子更宽容，一旦把话说出去，也要坚持做到，这样才能更好地为孩子订立规矩。当然，如果认识到自己的所作所为是错误的，那么即使作为父母，也要主动地向孩子道歉，给孩子树立知错就改的好榜样。

每个人都应该拥有坚持到底的精神，每个人也都应该学会为自己的行为负责，不仅成人如此，孩子也是如此。坚持到底，仅从表面上来看，也许与逻辑后果是非常相似的，实际上它们之间有着明显的区别。逻辑后果是让孩子自行进行选择，并且承担由此造成的后果，坚持到底则是由父母决定孩子是否需要做一些事情，并且在孩子表态之后给出孩子明确的回应。所以，坚持到底是父母对自己所做出的决定拥有的一种态度，而逻辑后果则是孩子对自己所做的行为应该承担的责任。

毫无疑问，在孩子小时候，父母很容易坚持到底，因为这个时期孩子对父母非常信任，也愿意听从父母的话。但是随着渐渐成长，父母再想坚持到底就会比较难了，因为孩子的自我意识越来越强，他们形成了自己的观念和思想，在成长的过程中也会表现得更加固执和任性。在此过程中，父母应该和善坚定，坚持到底，从而为孩子确定行为的边界，为亲子相处订立规矩，让孩子养成良好的行为习惯。

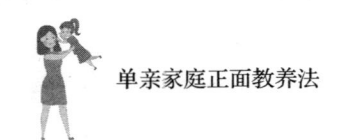

积极有效地暂停

作为父母，当你与孩子之间发生冲突的时候，在什么情况下你会暂停呢？往往是在事情恶化到无法控制，或者是与孩子之间发生更为激烈的肢体冲突的时候，父母们才会戛然而止。不得不说，这是一种非常消极的暂停方式，往往会给亲子之间的感情带来很大的伤害，也会使亲子关系疏远。在亲子沟通或者是家庭教育的过程中，父母可以采取有效暂停的方式来调整与孩子之间的关系，使亲子相处保持在更好的状态之中。

在很多家庭教育中，父母们都会犯一个错误，那就是他们没有把孩子当成孩子，反而把孩子当成了博弈的对象。当孩子不愿意听话或者是与父母发生冲突的时候，父母就像对待阶级敌人那样对待孩子，恨不得在第一时间就能够战胜孩子。实际上，亲子之间的战斗从来没有胜负之分，如果有一方心里只想着胜，那么往往会导致两败俱伤的严重后果。

俗话说，不忘初心，方得始终。父母要记住，只有在孩子感觉更好时，孩子才能做得更好。所以父母教育孩子的本心应该是以孩子能够接受并且愿意配合的方式对待孩子，这样孩子才能积极主动地达到父母的要求。从另一个角度来说，这也是管教的目的。管教的目的不是管，而是教，只有积极地暂停，父母才能与孩子进行更好的沟通和互动。

积极暂停的目的是帮助孩子们学会一种人生技能，这种人生技能不但非常重要，而且极具价值。在积极暂停之后，孩子原本激动的情绪会渐渐地恢复平静，他们因为愤怒而歇斯底里的头脑也能保持理性的思考，这样孩子才能感觉更好，也才会做得更好。当然，在此过程中，父母也同样需要恢复情绪，并且进行理性思考，才能更积极地开展家庭教育。

在进行积极的暂停时，父母需要为孩子们提供一个能让孩子们感觉更好的地方，例如孩子们有自己的房间，他们在与父母激烈的争吵之后，需要回到自己的房间里冷静片刻。在这个时候，父母不要跟到房间里对孩子进行持续不断的说教，而是可以在保证孩子安全的情况下，让孩子独立留在房间里，这对孩子而言才是更好的。当然，如果孩子有其他更好的选择，父母也可以尊重孩子的意愿。总而言之，不要趁着火冒三丈的时候和孩子继续斗争，而是应该彼此冷静，彼此恢复。

很多单亲家庭的父母，在孩子想要积极暂停的时候，反而不愿意暂停，他们会对孩子步步紧逼，不给孩子恢复平静的时间。他们认为有问题就要当即解决，却不知道时间才是最好的良药。

周末，因为小杰没有完成家庭作业，妈妈狠狠批评了小杰。对此，小杰不以为然，他说："这又没有关系，明天早上到了学校之后，我很快就能把作业补完了。"妈妈对小杰的回答显然不满意，她说："如果去学校里是为了补作业的，那么老师为什么还要给你们布置家庭作业呢？这个周末有那么长的时间，你吃得开心，玩得尽兴，却没有完成作业，这简直太让人失望了。"对于妈妈的话，小杰没有放在心里，他认为妈妈是在小题大做。在你来我往的争吵之中，妈妈居然抬手给了小杰一巴掌，小杰当即歇斯底里得大喊大叫起来。

看到小杰胡搅蛮缠的样子，妈妈忍不住又想对小杰开展棍棒教育。这个时候，她突然想起了不能打骂孩子，因而控制住自己的怒气。她离开了小杰的房间，想让小杰恢复平静，也想让自己恢复平静。在大概半个小时的时间里，妈妈和小杰没有沟通。这个时候，妈妈的情绪已经稳定下来了，她对小杰说："如果你不想写作业，你可以跟老师说。但是如果老师不同意的话，你要自己想办法。而且我可以很负责任地告诉你，没有哪个同学只凭着上课就能把学习学好。如果不写作业，学习成绩就会下滑，你就会离梦想越来越远。"说完这番话之后，妈妈没有再针对作业的问题与小杰沟通。可以看得出来，小杰非常失落。原本，他很抗拒妈妈管教他，但是现在妈妈不愿意管教他了，他又觉得无所适从。到了晚上，小杰主动地完成了作业。

网络上有很多段子都是关于孩子写作业时的家庭状况的，有些父母为了孩子写作业气得高血压犯了，或者是心脏病发作，不得不住进医院；有些父母因为孩子写作业的问题，与孩子之间发生了激烈的冲突，导致孩子做出了各种极端的举动。结果都是两败俱伤。所以父母要学会积极有效地暂停，当父母能够以暂停控制好与孩子沟通的节奏，渐渐地，孩子也就能学会以暂停的方式避免与父母发生争吵。

单亲家庭生活面对着很多问题，也承受着巨大的压力，但是这并不意味着争吵或者是发泄愤怒就能解决问题。只有坚持积极有效地暂停，父母与孩子才能更好地相处，也只有坚持积极有效地暂停，父母与孩子才能始终维持良好的关系。

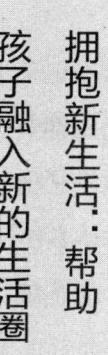

第10章
拥抱新生活：帮助孩子融入新的生活圈

在单亲家庭里，不管是爸爸还是妈妈承担孩子监护人的职责，他们都需要拥有自己的生活，毕竟他们不可能永远单身下去。有一些单亲父母因为失去了配偶感到伤心欲绝，但是他们最终会在时间的安抚下，在不知不觉间做好约会的准备。这个时候，他们往往会面临一个新的障碍，那就是孩子的阻挠。当孩子已经习惯了和自己的监护人相依为命地生活在一起，他们的心就会渐渐封闭，就像一个孤独的城堡一样，自己既不想出来，也不想让外面的人进去，这种情况必须得到改变。

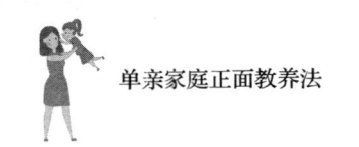

孩子为什么这样做

在很多孩子的心目中，单亲父母的社交生活给他们带来了很大的威胁，他们为此而感到紧张焦虑，非常不安。这是因为在或长或短的单亲家庭生活中，孩子已经与父母之间建立起来了亲密无间的联系，他们好不容易才适应了家中缺少了爸爸或者妈妈的生活，也习惯与妈妈或者爸爸相互依存的生活，但是现在这一切又要被改变。有的时候，改变是使人恐惧的事，因为改变会带来很大的不确定性。

此外，在与父母朝夕相处的过程中，孩子的安全感和归属感都慢慢地建立了，他们的整个世界只剩下这一个亲人，所以他们就会对外人具有更强的防范意识。他们虽然看起来每天都生活得很开心，实际上他们内心深处是特别忧伤脆弱的，而且他们会出现情绪不稳定的情况。在这种情况下，即使父母明确地向孩子表达爱，并且允诺孩子自己永远不会离开，也无法使孩子获得安全感。

孩子之所以排斥自己的单亲父母与一个陌生人展开新的恋情，就是因为他的世界只围绕着这唯一的一个成人，所以他并不会因为父母的保证就获得安慰，反而会继续想方设法地占有自己的父母。父母原本对孩子投入了所有的关注，现在却因为新伴侣的出现而转移了注意力，孩子更是会感到不安和抓狂。

从单亲父母的角度来说，他们失去配偶时不管有多么伤心，在离婚时不管怎样对爱情绝望，随着时间的流逝，他们内心的创伤已经被疗愈，所以他们在潜意识里很盼望着能开始一段崭新的生活。因而在有了合适的约会对象甚至是结婚对象之后，他们会很开心地把自己新的人生伴侣介绍

给孩子，却没想到孩子对此非常冷漠，甚至会毫不遮掩地表现出自己的敌意。有一些孩子行动力特别强，还会做出极端行为，那就是想方设法地阻挠父母的新配偶进入家庭之中。他们不再觉得家庭少一个人是不完整的，他们只希望不要有外人乘虚而入。其实，不管孩子做出怎样的反应，只要他们不是真心欢迎父母的新配偶，也不是真心希望父母能够获得幸福的，父母都会觉得有些遗憾。毕竟如果不重视孩子的感受，就是对孩子不负责任的表现，但是如果太过重视孩子的感受，就意味着要结束自己刚刚开始的新生活，或者是放缓结婚的计划。

其实，单亲父母未必比孩子成熟睿智，面对孩子的强烈反对，他们也很容易走向两个极端，或者是过于重视孩子的感受，放弃自己的生活，或者是完全无视孩子的感受，固执地坚持做自己想做的事情。这两种行为都是很极端的，并不利于父母与孩子之间保持良好的关系，也不利于父母和孩子一起建立家庭生活的新模式。

前文我们说过，在孩子所有行为的背后，都有深层次的心理原因和心理需求。父母也要看到孩子在这种行为背后的心理需求，那就是他们曾经因为父母离异而产生了巨大的不安全感，现在他们不想再因为一个陌生人的加入而再次感受到这种威胁和焦虑。

哲哲13岁的时候，妈妈去世了。妈妈在世的时候和爸爸的感情很好，所以在妈妈去世之后五年的时间里，不管多少人试图给爸爸介绍一个合适的女性开始新恋情，爸爸从来都没有同意过。他说就要这样守着哲哲过。五年的时间里，爸爸过着清教徒一般的生活，把所有的时间和精力都投入哲哲身上。哲哲习惯了和爸爸相依为命，他觉得他们父子俩就这样过着也挺好的。

今年暑假，哲哲考上大学了。这个时候，爸爸开始相亲。当得知这个消息的时候，哲哲感到特别震惊，他质问爸爸："难道你不爱妈妈了吗？

你不是说要守着我过一辈子的吗？"爸爸看着哲哲，说："但是你马上就要去上大学了，你要飞走了。这一走回家的机会少了，大学毕业后你也许会在外面工作，成家立业，爸爸一个人在家怎么办呢？至少我应该有个人说说话，消除寂寞吧。"哲哲心里很清楚，爸爸说得有道理，但他还是无法接受，他甚至找到了爸爸的相亲对象，恐吓对方："如果你敢跟我爸爸结婚，我就跟你没完，我是永远都不会接受你的。"

得知哲哲的举动，爸爸很伤心。这个时候，大姨听说了哲哲做的事情，也过来劝说哲哲："哲哲，你已经18岁了，要懂事儿呀！为了你妈妈，为了你，你爸爸五年都独身一人，这对一个男人来说是很不容易的。大姨知道你忘不了你妈妈，但是活着的人总要活着，大学马上开学，你就离开家了，你爸爸要是有个头疼脑热的，都没有人在身边照顾他。虽然半路夫妻不像你爸爸和妈妈那样感情深厚，但是在生病的时候至少可以互相照应。大姨比你更想你妈妈，但是大姨知道我们不能强求你爸爸。你爸爸好不容易从失去亲人的痛苦之中走出来，你就不要再给他添堵了。他都已经50岁了，咱们是不是也应该让他再享受几年幸福的婚姻生活呢？"听了大姨的话，哲哲泪如雨下。他思考了整整三天，终于对爸爸说："爸爸，你按照自己的心意去做吧。我祝福你。"得到哲哲这句话，爸爸瞬间红了眼眶。

不仅年幼的孩子不愿意让单亲父母重新组建家庭，很多已经成年的孩子也不能理解单亲父母为何要重组家庭。如果父母是离婚的，并且离开家的那一方已经重组了家庭，那么孩子还相对容易接受。但是如果爸爸或者妈妈去世了，那么对于自己唯一的亲人想要再婚的这种想法，孩子就更难以接受。归根结底，还是因为孩子缺乏安全感。

如何才能给予孩子安全感，让孩子不霸占自己呢？其实，早在进入单亲生活之前，父母就要与孩子保持适度的亲密关系，而不要与孩子完全黏

在一起，使得自己与孩子就像变成了联合体一样。不管是父母还是孩子，都应该有自己独立的生活，都应该与对方保持适度的距离，这才是健康的亲子关系。

父母还要帮助孩子建立安全感。孩子阻止父母寻找新伴侣，组建新家庭，归根结底是因为他们担心被再次抛弃，这种想法并不是凭着父母的几句承诺或者是保证就能够消除的。父母必须切实去做，周全地为孩子考虑，在做很多决定的时候也把孩子放在第一位，才能真正给予孩子安全感。

离婚是人生中的一道坎，离婚之后重新组建家庭更是人生中的一个巨大考验，尤其是对于有孩子的父母而言，考虑的重要因素就是孩子的感受。单亲父母必须处理好各种错综复杂的关系，平衡好各方面的利益，才能顺利地展开新的人生旅途。

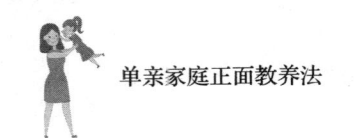

帮助孩子做出调整

单亲父母试图开始一段新的恋情，而与孩子之间发生冲突的时候，切勿让问题激化，而是可以借助于发生冲突的机会，与孩子之间建立更为亲密和彼此信任的关系，这对于解决问题才是有帮助的。当然，要想这么做，前提是帮助孩子调整心理状态，让孩子从强烈反对到渐渐能够接受，再从接受到理解，这样一步一步循序渐进地去做，相信父母一定能够引导孩子坚持正确地思考，做出明智的决定。

孩子还小，思考和判断能力有限，所以父母想引导孩子，就需要更加用心。如果是两个成年人在一起沟通，观念完全不一致，可以不在乎对方的看法。但是和孩子在一起，即使观念不一致，也要帮助孩子解开心结，毕竟单亲家庭的父母想要再婚，必须和孩子生活在一起，所以孩子这道难关是必须迈过去的。只有把孩子的心结解开，得到孩子真心的接受和祝福，再婚的生活才能真正获得幸福。

刘瑞10岁那年，他的爸爸去世了，妈妈独自抚养他长大。现在刘瑞已经15岁了，正在读高中，妈妈也开始考虑个人的生活。毕竟刘瑞住校了之后，只有周末才回家，妈妈认为在这个时候开始自己的生活是比较适宜的时机，但是刘瑞对此却强烈反对。

有一天，妈妈回到家里，对刘瑞说："我晚上出去两个小时，你自己吃晚饭吧。"刘瑞非常惊讶，因为自从爸爸去世之后，在五年的时间里，妈妈从未在任何晚上离开过他。妈妈到底有什么事情，居然要把他独自留在家里呢？刘瑞狐疑地看着妈妈。妈妈仿佛看穿了刘瑞的心思，说："妈妈要出去见一个朋友。你已经15岁了，是个大男孩了，应该可以照顾

好自己了。"刘瑞当即敏感地追问:"男朋友还是女朋友?"妈妈迟疑了片刻,说:"男朋友。是你张阿姨介绍给我认识的,人还不错,我们这是第二次见面,也是第一次一起吃饭。"刘瑞明显地表现出不开心,对妈妈说:"我不同意,你不应该这么做。"妈妈更惊讶了,但是妈妈不想跟刘瑞起冲突,她离开了刘瑞的卧室。

大概过了一个小时之后,妈妈认为刘瑞的情绪应该略微恢复了,因而又来到刘瑞的卧室,对刘瑞说:"我还有一个小时赶到约会的地点,在此之前,我想跟你沟通一下。我想知道你为什么不同意我去约会。首先,我想告诉你,我是妈妈,所以很多事情不需要经过你的同意也可以去做。当然,我会对自己负责任的。但是,我也不想完全无视你的感受,所以我想问你为什么不同意我和这个朋友约会呢?"刘瑞想了想,说:"你才见过他一面,这是第一次吃饭,万一他把你灌醉了,图谋不轨呢?"听到刘瑞的话,妈妈忍不住笑起来,她抚摸着刘瑞的脑袋说:"儿子,你可真是长大了,都能保护妈妈了。我有一个好办法,我带着我的闺蜜——你的张阿姨一起去约会吃饭,你觉得如何?我刚刚问过张阿姨,她很愿意陪我一起去。"刘瑞这才点点头,说:"好的,有张阿姨陪伴,我就放心了。"

就这样,妈妈和张阿姨一起去赴约了,刘瑞在家把自己照顾得很好。妈妈回家之后,他询问妈妈:"那个男性在吃饭的时候表现怎么样呢?"看到刘瑞的兴趣这么浓厚,妈妈趁热打铁对刘瑞说:"我认为还不错。要不这样吧,我周日回请这位男士,你陪着我一起去,正好他也很想见见你呢。"刘瑞沉思片刻,像个男子汉一样郑重其事地点点头,说:"好吧。就让我当你的小保镖吧!"

原本母子俩之间很有可能因为妈妈约会的事情而发生冲突,不过妈妈很明智,妈妈经过主动沟通,圆满地解决这个问题。首先,妈妈没有在情绪激动的时候和刘瑞发生冲突,而是避开了一个小时,让自己和刘瑞都恢复平静。其次，妈妈没有忽视刘瑞的感受，而是询问刘瑞担心的原因。得知刘瑞是担心自己的安全之后，妈妈还很感动呢，所以她提出了一个很好的方案。约会回家之后，妈妈还趁热打铁，提出了周日带着刘瑞一起和这位男士约会的想法，趁此机会让刘瑞为妈妈把把关，刘瑞非常开心。这样一来，妈妈也就成功地帮助刘瑞做出了调整。

就像人们常说的，绝境之中蕴含着生机。在冲突发生的时候，只要能够把握机会，也就能建立亲密的关系，还能让彼此更加信任。父母不要觉得孩子在其中起到了阻挠的作用，是出于自私的想法，其实有的时候，孩子真实的想法是会让父母感动的。

当然，不管孩子出于什么目的而阻止父母与他人约会，父母都应该理解孩子的感受。即使在约会的时候，也不要忘记陪伴孩子，可以把孩子也列为约会的参与对象之一，让孩子陪着自己去约会，给自己把把关，这么做还能增强孩子的小主人意识，让孩子感到自己的价值，找到归属感，也更有利于让孩子调整内心的状态，还可以借此机会帮助孩子与父母的约会对象融洽相处呢！

第10章 拥抱新生活：帮助孩子融入新的生活圈

理解孩子

虽然有时候孩子都是麻烦的制造者，但是在很多时候，孩子也是非常贴心的，哪怕只是很小的孩子，他们也会为父母考虑。这是因为他们在发自内心地爱着父母。作为单亲家庭的父母，不要一旦看到孩子阻挠自己的恋情，就认为孩子是自私的，所以才会做出这样的举动。其实，很小的孩子就会担心失去自己唯一可以依靠和信赖的亲人，他们也会试图保护自己的爸爸或者是妈妈，因而父母要理解孩子的感受，也要帮助孩子打消疑虑，这样才能心无旁骛地开始一段新恋情。

单身的年轻人在开始一段恋情的时候，希望自己能够得到双方父母的祝福，希望爱情幸福美满。那么作为单身的父母，在开始一段恋情的时候，也应该考虑到孩子的情绪和感受，毕竟孩子是非常重要的家庭成员。如果这段恋情不能够得到孩子的认可，那么就会让幸福的感觉大打折扣。

作为一名有两个孩子的单亲妈妈，亚娟在离婚两年之后认识了一位非常优秀的男性。这个时候，亚娟的两个孩子一个10岁，一个8岁。他们知道妈妈正在跟一位男士交往，但是并不了解太多的情况。每到周末，他们就会去爸爸那里度过周末。这个时候，亚娟就会和这位男士约会。随着恋情的顺利发展，雅娟和这位男士住在了一起，这让孩子们更加感到不安。虽然这位男士只在孩子们去爸爸家里过周末的时候才和亚娟约会，但是已经10岁的孩子隐约对此有所感觉和担忧。每当周末去爸爸家的晚上，他们就会准时给妈妈打电话，询问妈妈正在哪里、正在做什么。从孩子详细的询问中，亚娟能够感受到孩子的紧张和焦虑。

有一天，因为孩子打电话的时候亚娟正在洗澡，所以等到与孩子通话时，孩子焦虑地询问亚娟是不是正和男朋友在一起。亚娟迟疑了片刻，肯定地回答了孩子。但是她向孩子保证自己过一会儿就会开车回家，并且会在到家之后会给孩子打电话。在这样的恋爱之中，亚娟感到非常的疲惫，她很想向孩子们说出一切，但又担心孩子不能了解，不能理解。

在这个事例中，从亚娟这么多的疑虑就可以看出，亚娟与新男友之间的感情发展其实并不顺利，或者说只是表面看起来顺利，但是亚娟在这段感情中的感受并不是完全舒适的。作为亚娟最亲近的陪伴者，8岁和10岁的孩子肯定已经感觉到了亚娟的惴惴不安，犹豫不定，所以他们才会非常关心妈妈。从雅娟的角度来说，如果她对这段新恋情是非常肯定的，也没有任何后顾之忧，那么她就不会这样费尽心思地对孩子隐瞒。

雅娟应该反思自己与男朋友之间的关系，如果确定这个男朋友就是自己真正要找的人，那么要对孩子说出真相，争取得到孩子的祝福。孩子适应一段新关系是需要时间的，亚娟要多多倾听孩子的心声，要把自己真实的想法告诉孩子，要坦率地面对孩子，对孩子之间不要有所隐瞒，对孩子说出的话要努力践行，做到言行一致。最重要的是要有足够的耐心，要给予孩子一定的时间和空间，引导孩子接受这种改变。

通常情况下，单亲家庭的孩子比起正常家庭的孩子来说，已经经历了更多的事情，他们缺乏安全感，在短暂的人生中经历了巨变。家庭的破裂对于每个孩子而言都是很难接受的，所以父母要了解孩子的不安、紧张和焦虑。

即使孩子为了阻挠父母的恋情做出了一些举动，父母也不要对孩子产生误解或者是质疑，而一定要倾听孩子的心声。当父母积极地倾听孩子，孩子就会觉得父母是理解和关爱自己的，这会帮助孩子平复情绪。父母要知道，孩子之所以用各种出格的举动来表达自己的不满，就是因为他们的情绪不被父母关注和接纳。其实他们最原始的目的就是希望父母能够关注他们的真实心理。父母在坦诚地与孩子沟通之前，也要了解孩子是否愿意倾听父母的心声。不管是离婚还是丧偶，也不管现在生活的状态怎么样，都不要为了仓促地摆脱单身的状态，而贸然投入一段关系或者是投入婚姻之中。我们不能用一个错误去结束另一个错误，既然已经做了一次错误的选择，那么再次选择的时候就要慎重，就要遵从自己内心的感受，相信自己真实的感受。

每个人解决问题的方式是不同的，同样一个问题换作不同的人面对，他们会想出不同的方法解决问题，所以我们在解决问题的时候要更多地考虑到孩子的情绪和感受。必要的时候，还可以把问题列出来，开诚布公地交谈。如果我们与新伴侣的关系已经非常亲密，而且时机也很成熟，那么还可以邀请新伴侣也参加这样的家庭会议。当然，如果还没有到合适的时机，那么要耐心等待，重要的是要多多举行这样的家庭会议，这对于提升孩子的安全感是非常有效的，还能够增强孩子对家庭的责任感。

尊重和理解总是相互的，当父母尊重和理解孩子，就能得到孩子的尊重和理解。父母切勿一厢情愿地要求孩子必须尊重父母，所谓己所不欲勿施于人，父母在对孩子提要求之前，自己首先要能够做到尊重和理解孩子。

孩子与你的新伴侣

　　作为单亲父母，如果的确遇到了让自己怦然心动，且很想相守一生的人，却遭到了孩子的反对，又该怎么办呢？如何处理好与孩子的关系呢？一旦处理不当，就有可能伤害孩子，甚至有可能让自己失去这段得来不易的感情。作为双亲家庭的父母，真的很难体会单亲父母所面临的种种困境，那么就要珍惜婚姻生活，尽量保持家庭生活的稳定幸福。反之，如果已经成为了单亲父母，也没有关系，因为很多事情既然发生了就是合理的，我们只有勇敢地面对才能解决问题，一味地逃避是无法解决问题的，一味地抱怨只会让自己更加懊恼。只有积极地想办法解决问题，我们才能从困境中摆脱出来。

　　爱情是造物主赐予人类最美好的礼物，每个人都幻想着拥有一段浪漫的爱情，不管是作为年轻人还是作为老年人，不管是作为单身，还是作为单亲家庭的父母，都依然拥有享受爱情的权利。但是，和那些完全自由的单身人士相比，单亲父母们最大的顾虑就在于孩子的感受。有一些单身父母想和自己的新伴侣开始同居的生活，或者步入婚姻的殿堂，最大的担心就是怕孩子不能接受，有些孩子甚至会想出各种极端的方式表示强烈反对。如果因此而伤害了孩子，那是为人父母者万万不想看到的。

　　在新伴侣与孩子的夹缝之间，想要把这种关系理清楚，显然是非常困难的。尤其是有些父母在刚刚结束婚姻之后就遇到了自己喜欢的人，就如同飞蛾扑火般迫不及待地投入到一段崭新的爱情之中，就更是让孩子难以接受。他们的感情甚至比年轻的情侣更加浓烈，这样的如胶似漆会让孩子担心失去自己的单亲父母，让孩子恐惧不安。

第10章 拥抱新生活：帮助孩子融入新的生活圈

沉浸在幸福中的人往往昏头昏脑，甚至误以为孩子会和他们一样欢迎家庭新成员的到来。只有当真正把自己新的约会对象带到孩子面前，看到孩子的真实反应时，他们才意识到一切并没有自己想象的那么乐观。当然。也有可能一切并没有自己想象的那么糟糕。不过，大多数情况下，孩子都很难在短时间内接受生活的又一次巨变。

有些孩子已经比较懂事了，如十岁左右的孩子，当他们发现自己的单亲父母和新伴侣在一起的时候非常热情，非常体贴温柔，他们会为离开的父母感到愤愤不平。例如，如果一个爸爸对自己的新女友温柔万分，那么，孩子会想：你对我的妈妈从来没有这么温柔过。例如，妈妈对自己的新男友小鸟依人，孩子会想：你为什么总是嫌弃我的爸爸，让我的家庭破碎呢？但是，沉浸在爱情之中的单亲父母很难意识到这一点，他们会完全沉浸在自己的幸福之中，还误以为孩子也和他们一样幸福呢！

不得不说，这些单亲父母的做法的确是考虑的不够周全的。在给孩子带来这样糟糕的情绪感受时，他们忘记了自己不但是单身，还是父母，他们忽略了自己作为父母的身份，而被爱情冲昏了头脑。作为单亲父母，必须先扮演好父母的角色。才能更好地享受爱情。

对孩子而言，他们不希望看到另外一个人代替自己的爸爸或者是妈妈，他们甚至永远无法也接受这一点。那些已经成年的单亲家庭子女之所以会祝福爸爸或者妈妈重新组建家庭，是因为在理智上他们知道爸爸妈妈应该有人陪伴。此外，他们已经长大成人，有了自己的爱情生活，更能够体会到单亲父母的孤独和寂寞。而在小时候，他们根本不可能做到这一点。所以父母应该在开始新的爱情关系时，要更多地关注孩子的情绪和感受。

很多父母都在孩子与新伴侣之间做出选择而纠结，实际上，如果能够处理好孩子与新伴侣的关系，父母就不用面对这样矛盾的状态。这种选择

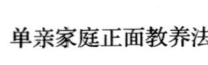

带给人的只可能是痛苦，而不可能是愉快。如果能把彼此之间的关系协调融洽起来，父母仍然把孩子放在生活的首位，以孩子的需求为重。相信孩子渐渐地也能体会到父母的辛苦，愿意接纳父母的感情。

你不可能让所有人高兴

一个人再怎么努力,也不可能让所有人都感到高兴。很多夫妻之所以闹得鸡飞狗跳,并不是因为什么了不起的大事儿,而很有可能是因为一些生活中琐碎的事情。正因为如此,才有人说,家是一个讲情的地方,不是一个讲理的地方。在家庭生活中,如果固执地追究细枝末节,那么没有哪个人的家庭生活能够完全如愿。

对于单亲家庭的父母来说,要想平衡好与孩子之间的关系,要想把自己与孩子的生活,以及自己与新伴侣的生活都打理得面面俱到,这显然是非常困难的。但是要想赢得他人的谅解却显得相对容易,因为既然我们注定不能把每件事情都做得非常好,那么我们就要试图在其中寻求平衡,维持平衡,并且赢得那些我们深爱和在乎的人真诚的谅解。这样一来,我们在这些错综复杂的关系之中,就会感受到愉悦和轻松。

当然,这样的困惑不仅在父母身上会出现,孩子也会面临这样的困惑。看到父母有了新的伴侣,又开始约会,并且在爱情的滋润下重新对生活充满了希望,孩子其实是能够感受到的,他们会敏锐地觉察父母的这种状态和父母微妙的改变。但是孩子又很纠结,他生怕自己会失去父母,也不知道应该如何处理好与父母之间的关系,所以他们同样处于进退两难的状态之中。在这种情况下,父母应该给予孩子信心,让孩子相信他们无需去取悦和讨好任何人,只需要保持真诚友善,就可以轻松地处理好各种关系。

作为单亲家庭的女孩,得知妈妈开始与新男友约会,曼曼特别伤心难过。有一天,因为妈妈和新男朋友的举止太过于亲密,曼曼冲动地从家里跑了出去。妈妈找了曼曼很长时间，终于在爸爸家的楼下找到了曼曼。原来，曼曼来到爸爸家的楼下，看到爸爸和新女友一起上楼，她又突然改变主意，不想去见爸爸了。所以，她只能在爸爸的楼下徘徊。

看到曼曼失落的样子，妈妈仿佛理解了曼曼的感受。她知道曼曼不喜欢爸爸的新女友，也知道曼曼一直以来都把妈妈看得特别重，更是把妈妈视为自己唯一的亲人，所以当看到妈妈与新男友的关系过于亲密，曼曼才会无法接受。

思来想去，妈妈和曼曼进行了沟通，解开了曼曼的心结。妈妈对曼曼说："不管妈妈跟谁相处，或者以后跟谁结婚，妈妈永远都是最爱你的，而且妈妈永远都不会离开你的身边。"尽管得到妈妈这样的承诺，曼曼还是闷闷不乐。后来，妈妈把周末的时间进行了划分，她承诺周末的上午会全心全意地陪伴曼曼，周末下午，等到新男友来到家里之后，会先陪着曼曼做户外运动，然后才会和妈妈单独相处两个小时。在妈妈和新男友单独相处的时间里，曼曼可以看动画片，吃美味的零食。只要有需要，她随时都可以去找妈妈。妈妈和新男友都允诺曼曼，他们会随时随地都在曼曼的身边。经过一段时间的相处之后，他们终于确立了良好的相处模式，曼曼再也不会因为妈妈和新男友约会感到不快了。

曼曼原本非常抵触妈妈的新男友，但是现在她改变了态度，愿意和妈妈与新男友一起，是因为她感受到了妈妈和新男友都很爱她，也找到了归属感和价值感。正是因为如此，曼曼的心才渐渐地放了下来，不再紧张不安了。

不管是成人还是孩子，面对家庭中发生的变化，都需要经历一个复杂的过程，才能慢慢地接受。尤其是单亲家庭的孩子，他们在家庭从双亲家庭变成单亲家庭的时候已经经历了巨大的变故。现在他们又要接受一个新的家庭成员，这对孩子而言无疑是非常困难的，也是一个巨大的挑战。但

是随着时间的推移，只要单亲父母和孩子一起努力，就能够平衡好自己的生活与孩子的幸福，就能够让整个家其乐融融。

　　作为单亲父母，我们没有必要迎合所有人，但是一定要关注孩子的情绪和感受。也许孩子现在还小，还不能处理好相关的问题，但是在成长的过程中，他们会更加理解和体谅父母。只要能够平衡好孩子的幸福与自身的快乐，单亲家庭也能够再次变得完整，而且单亲父母和孩子最终都将获得真正的幸福。

第11章

寻找新的美好：认可你的单亲家庭的价值

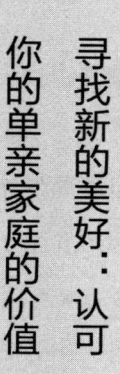

对于单亲父母而言，他们所面临的最艰巨的任务不是与孩子相处。而是和孩子一起接受现有的家庭，并且学会赞美现有的家庭。当他们与孩子都发自内心地拥抱现有的家庭，相信整个家庭的氛围会变得更好，即使是单亲家庭，也能够获得满满的幸福。

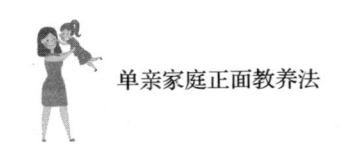

我们的家庭有何不同

在这个世界上，每个人都是独一无二的存在，每个人与他人都是截然不同的，每个人都是最特别的。由此一来，每个人所组成家庭也就是与众不同的。即使都是作为正常的双亲家庭，家庭与家庭之间也有很大的差别。当家庭结构发生了巨大的改变，由双亲家庭变成了单亲家庭，那么作为单亲家庭的与众不同就显得更为明显。

毫无疑问，作为单亲家庭的父母，我们会面对更多困难，尤其是和双亲家庭中父母一起分担家务、共同承担家庭风险相比，单亲家庭的父母肩上的担子是更加沉重的。但是没关系，也许在家庭变故最初发生的时候，我们会感到仓皇无措，但是随着家庭生活渐渐稳定下来，我们就可以运用智慧来改变很多事情，也可以通过发挥超强的创造力给单亲家庭的生活建立新的秩序，建立新的规则。即使面对一些突然发生的事情，只要我们能够从容淡定，发挥潜能，就可以与孩子一起共渡难关。

需要注意的是，面对单亲家庭的与众不同，我们无须逃避，也不要在孩子面前遮遮掩掩，最好能够在一个合适的场合里开诚布公地与孩子讨论这些问题。面对着已经展开的单亲家庭生活，我们会有哪些困难？我们需要战胜哪些看似不可战胜的挑战？这些事情对于我们而言都是非常重要的，所以我们要和孩子一起讨论这些事情，必要的时候也要调动起孩子的积极性，和孩子一起面对这些事情。作为单亲父母，切勿在孩子面前表现出消极的模样，认为只要能够凑合着维持正常的生活就可以，这样一则会给孩子带来很大的负面影，二则不利于建立良好的亲子关系。我们要在家庭生活中投入更多的时间和精力，要非常努力地探索，从而让单亲家庭的与众不同绽放出别样的光彩。

正如有一个名人所说，这个世界上缺少的不是美，而是缺少发现美的眼睛。即使在四面楚歌的单亲家庭生活中，只要我们用心发现，用心创造，我们就可以发现单亲家庭生活中特别的美好的一面。例如家庭里的每个成员都积极热情；家庭整体氛围非常温暖；家庭里的孩子表现得让父母很满意，他们学习积极主动，还有丰富的兴趣爱好；家庭中有很值得信赖和依靠的朋友，在关键的时刻总是能够提供助力；甚至包括有拥有一个非常友善的邻居，每天在电梯里遇到的时候都能微笑着互相招呼；或者拥有一个非常尽责的物业，为家庭生活解除了后顾之忧，这些都是值得庆幸的。这些美好的发现会让我们对生活充满了希望，充满了渴望。

不要回避单亲家庭生活的特别。正是因为每个人都是与众不同的存在，我们的家庭才会变得与众不同。必要的时候可以为我们的单亲家庭生活制造一张表格，在这个表格上，我们可以写下单亲家庭生活中值得庆幸的事情，以及需要面对的困难。当我们发现值得庆幸的事情比需要面对困难多得多时，我们会欢欣鼓舞；当我们发现值得庆幸的事情比需要面对的困难少得多时，我们要更加振奋精神和勇气，齐心协力地战胜困难。

一切的不同都是合理的存在，既然我们不能改变已经成为历史的事实，那么我们唯一可以做的就是努力向上，就是坚持不懈。虽然人们常说人生不如意十之八九，但是我们却依然要满怀激情和热情地面对人生。只有这样，我们才能开创出与众不同的人生。

自从离婚之后，张杰在家庭生活中就面临很大的困难。在离婚之前，家里所有的家务活都是妻子干的，但是在离婚之后，张杰不但要照顾自己和孩子的一日三餐，还要照顾孩子学业。曾经妻子总是抱怨家里有干不完的活儿，张杰对此却不以为然，他觉得自己在外面工作非常辛苦，妻子却丝毫不理解，而妻子只是在家里做做家务，不用承担任何压力，为何还怨声载道呢？他们为此经常发生争吵，最终妻子选择了离婚，而且把孩子留给了张杰抚养。离婚的第一天，张杰就知道了妻子的感受。

早晨匆匆忙忙地起床，和孩子在外面吃完早饭之后送孩子去学校来到单位，开始工作到了傍晚，就要去接孩子回家。看着家里乱糟糟的，连床上的被子都没有叠，张杰觉得心情糟透了。他给孩子煮了速冻水饺，就开始收拾家，但是直到晚上九点钟他才收拾完。这个时候，已经到了睡觉时间。他累得没有胃口吃饭，倒在床上就睡着了。第二天六点钟，闹铃准时响了起来，他必须挣扎着起来，又给孩子煮了速冻水饺，孩子对此怨声载道："爸爸，难道咱们家只有速冻水饺吗？"张杰对孩子的不满很生气，他说："有速冻水饺吃的就不错啦！有的人家里连速冻水饺都吃不上。"听了爸爸的话，孩子一言不发，只吃了几个饺子，就闷闷不乐地去上学了。整个上午，张杰都担心孩子没有吃好，没有吃饱，非常愧疚，在工作上错误百出。

单亲家庭的生活从一开始就一团糟糕，让张杰火烧眉毛，焦头烂额，他甚至因此而影响了工作，在工作上频繁出错，被老总几次三番地批评。后来，张杰意识到自己不能这样下去了，孩子正在读小学高年级，面临着小升初的压力，将来上了初中之后也需要得到很好的照顾，为此他决定辞掉工作，成为一名自由的兼职工作者。

原来，张杰的工作是室内设计师，他兼职工作，虽然钱挣得少一些，但是唯有这样才能兼顾孩子。他做出了这样的决定之后才发现，要想平衡好工作与家庭之间关系实在很难。每天，他就像个陀螺一样旋转个不停，往往到孩子晚上关了灯睡觉之后，他才能躺在床上略微放松一下，很快就沉入了梦乡。回想起妻子作为全职家庭主妇期间，不但要照顾好全家人的吃喝拉撒，还会抽空做一些文字工作，也是非常辛苦的，张杰不由得懊悔起来，觉得自己对妻子太过疏忽，也太不体谅了。

第11章 寻找新的美好：认可你的单亲家庭的价值

经过一段时间的调整，张杰终于建立了新的生活节奏和秩序。他每天上午伺候孩子吃早饭，送孩子去学校，然后顺道买一天的食材回家打理好之后，下午开始工作。等到傍晚接了孩子回家，他又开始做晚饭。张杰的收入缩水严重，只有以前的四分之一，只能勉强维持他跟孩子基本的生活。他这才知道妻子到底有多么辛苦，心理上的压力又有多么大。幸运的是，张杰在工作上表现很出色，随着时间的流逝，相信他会赢得更多回头客，生活也会渐渐有起色的。

很多双亲家庭经历了婚姻的变故，突然变成单亲家庭之后，生活都会陷入混乱之中，需要经过一段时间的调整才能建立新的秩序。在这个事例中，张杰也是如此。他本来是一个全职工作的爸爸，很少知道家庭生活的艰辛，现在因为妻子的离开，他不得不又当爸又当妈，又要工作又要顾及家庭，所以感受到压力扑面而来。幸运的是，张杰的工作还是非常灵活的，他可以选择以兼职的方式，既照顾孩子，又做好工作。当然，这样的选择负面作用是收入大幅度缩水，但是在这样的过渡阶段，他也只能这样选择了。

每个人都有自己特别的个性，每个家庭都有自己特殊的情况，不管是作为单亲家庭还是双亲家庭，当面对家庭生活中很多问题的时候，都不要抱怨，是要给予自己更强大的力量，毕竟我们不能凭着主观逃避能让问题消失，而是必须非常努力辛苦地做，才能真正解决问题。

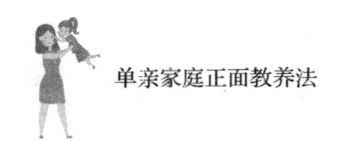

新的传统和新的庆祝方式

很多家庭里都有自己独特的活动作为家庭的传统。每当到了特定的日子，全家人都会沿袭家庭的传统聚集在一起，高高兴兴、快快乐乐的。这对于帮助家庭成员形成身份认同，认可自己家庭的特殊性是极其有好处的，也有助于增强家庭生活的仪式感，创造更多的机会与家庭成员共度特别的时光，给家庭成员带来难忘的回忆。

有一些家庭生活非常乏味，就是因为缺乏仪式感。实际上，庆祝活动和新的传统都可以作为家庭的仪式开展。单亲父母切勿觉得家庭生活中只有自己和孩子，人员很少，就没有必要举行仪式。尤其是到了节假日，因为刚刚进入单亲家庭的生活，所以单亲父母心里难免会感到失落，就更提不起兴致去做一些充满仪式感的事情。长此以往，就会对生活感到兴致索然。其实，对于单亲家庭的父母而言，即使独自过节或者是过生日等特殊的日子，也不能缺少了仪式。既然原本内心觉得很乏味单调，就更是要通过仪式来给自己的生活增添一些乐趣，与此同时也让孩子感受到更多的快乐。

当然，如果很多节日传统的庆祝方式都是在双亲家庭中沿袭下来的，那么当同样的活动在单亲家庭中举行的时候，就会让人感到伤心难过，甚至有物是人非的感觉。实际上，不仅单亲家庭在过节假日时感受到压力巨大，双亲家庭也同样如此。既然是这样，我们就无须逃避，而是要勇敢地面对。特殊的日子特殊过，这是所有家庭都应该有的仪式感。即使作为单亲家庭，也应该调整自己生活的节奏，让自己能够以充满仪式感的方式度过这些不同寻常的日子。

第11章 寻找新的美好：认可你的单亲家庭的价值

具体来说，父母要做到以下几点，才能让自己与孩子的单亲家庭生活充满乐趣，也才能激发起自己的内心深处对于生活的热情，更让孩子对生活满怀期待。

首先，以自己的实际情况为出发点，而不要怀有不切实际的期望。曾经你们所拥有的家庭生活也许是非常热闹和高调的，但是如今你们的家庭结构已经发生了改变，在短时间内可能很难再次实现那样的热闹和欢喜，那么不如降低对特殊节日的期望，只要自己努力做到最好，也能够与孩子之间亲密相处。

其次，不要畏惧改变。很多人都有很强的惯性，他们认为一切都应该遵循传统去做，但是当现实的生活情况发生改变的时候，我们要勇敢地面对这种变化，不要畏惧改变。有的时候，哪怕是心血来潮地去做一件事情，也是非常有趣的。我们为何不打破常规，给自己一个与众不同的节日呢？

再次，不要总是用礼物来表达自己的爱，有的时候一件小小的事情、一次小小的心动，同样能让爱意爆发。不可否认的是，在进入单亲家庭生活之后，单亲父母往往面临着巨大的经济压力，同时还要承担起抚养孩子的重任，所以金钱上是比较紧张的。既然如此，在新的家庭生活模式中，就不要把送礼物变成一种负担，尤其是不要通过送大量礼物的方式来表达对孩子的爱。与其花费很多金钱给孩子送礼物，还不如花费更多的时间陪伴孩子，对于孩子而言，节日的意义应该是能够与父母在一起，与父母同享美好的时光，这样他们才会对节日留下难忘的回忆。

最后，在设立新的庆祝方式时，可以询问家人他们最想得到怎样的礼物，最想得到怎样的陪伴，从而确立新的庆祝方式。虽然很多父母都会不由分说地把自己认为好的送给孩子，但是这未必是孩子真正需要的。与其盲目猜测孩子的喜好，还不如先询问清楚孩子更想要什么礼物，对于传统节日想以怎样的方式度过。例如，很多妈妈会煞费苦心地花费整个下午为孩子做甜点，实际上，孩子只是希望妈妈能够专心致志地陪伴他们玩一玩游戏，或者是陪伴他们去看一部电影。其实对于妈妈而言，陪伴着孩子玩游戏，或者陪孩子一起看电影，显然没有做甜点那么辛苦，但是起到的效果却更好，因为这是孩子所希望得到的。所以在给孩子送礼物的时候，我们应该投其所好，在为家庭确立新的传统和新的庆祝方式时，我们也应该尊重孩子的意见。

每个家庭都有属于自己的传统和庆祝的方式，即使是作为单亲家庭也应该如此，哪怕单亲家庭里只有爸爸或妈妈与孩子两个人，也不应该忽略了仪式。正如一位名人所说的，生活需要仪式感。在举行仪式的过程中，我们的内心会感到更加庄重，更加神圣，这样才能给平常的日子赋予与众不同的意义。

生活需要仪式感，有些时刻很特别

　　生活是需要仪式感的，只有举行特别的仪式，我们才知道这样的时刻与平时是截然不同的。也因为有了这些特别的时刻，整个家庭才会形成强大的凝聚力。很多人对于特别的时刻都有错误的理解，他们认为所谓特别的时刻，就是盛大的节假日，以及那些特别的情形。实际上每一个平常的日子都可以变成特别的时刻，都值我们珍惜，感恩拥有彼此，都可以让我们开心地在一起。普通的生活总是忙忙碌碌，每个人每天都需要做很多事情，我们应该在忙碌之余留出独特的时间与孩子在一起，让这样的时间显得特别重要。

　　现实生活中，很多人都会感到生活非常乏味，甚至对于生活感到厌倦。这并不是因为生活亏待了他们，而是因为他们没有更好地经营和规划生活。如果我们能够在不同的日子里重视特别的时刻，如果我们能够在平淡的日子里营造深刻的感情，那么生活就会变得与众不同，多姿多彩。

　　作为一个单亲妈妈，阿布每天的生活都是紧张忙碌的。她有三个孩子嗷嗷待哺，而且三个孩子之间的年龄差距很小。每天傍晚接了孩子回到家里之后，她就开始了忙碌，既要照顾孩子们的吃喝拉撒，又要为孩子们辅导作业，还要帮助孩子们洗澡，换洗衣服，这些琐碎的事情占据了阿布大量的时间，让阿布常常感到心力交瘁。

　　自从丈夫去世之后，阿布的生活就这样鸡飞狗跳，一地鸡毛，然而她并没有因此而抱怨，她很想在这样忙碌的生活中建立新的秩序。即便因为丈夫去世而感到伤心欲绝，阿布也从来没有放弃对生活特别的追求。

　　让大家都感到惊讶的是，每天接了孩子回到家里之后，阿布第一件事情不是忙着做饭，而是脱下鞋躺在床上喊道："孩子们，我在这里，你们在哪里？"这个时候，孩子们不管白天多么忧愁郁闷，也不管对于生活多么不满，马上就会把所有的烦恼都抛下，蹦跳着扑到妈妈的身上，和妈妈滚作一团。这已经成为了家庭中最为特别的时刻，也成为了全家人最喜欢的仪式。

到了周末，孩子们玩得特别高兴，他们分散在家里的各个角落中，专注地做着自己的事情。阿布如果叫唤孩子的名字，未必能够得到孩子们积极的回应，每当这时，她就会躺在院子里的草坪上喊道："孩子们，我在这里，你们在哪里？"这个时候，孩子们不管正在做什么事情，都会马上放下手中的事情，奔跑到阿布身边，扑倒阿布的怀里。甚至连几个孩子在一起发生矛盾或者争执的时候，阿布也会用这样的方式去解决问题。显而易见，这能够把孩子们之间的不快全都消除。很多人认为这是个非常愚蠢的仪式，就像是不懂事的孩子们在一起嬉笑打闹，但是对阿布而言，这是全家人保持亲密关系的最好方式，而且能够为他们开辟出全心全意的欢乐时光。在进行这样的仪式之后，他们之间的关系更加亲密，他们的感情更加深厚，他们可以放下一切的隔阂与芥蒂，齐心协力地为这个家做好很多事情。

由此可见，特别的时刻不一定是真正与众不同的时刻，而可以是生活中寻常的时刻，只要是全家人喜欢的活动，都可以为全家人带来特别的时刻。例如有些家庭喜欢定期举办家庭会议，那么这样的时刻就是特别的时刻。在家庭会议中，父母不要搞一言堂，而是要以民主开放的姿态，欢迎孩子们说出自己的想法，也让孩子们与家人分享他们的快乐，分担他们的忧愁。在举行家庭会议的过程中，家庭渐渐地形成了愉快的氛围，全家人也会拧成一股绳，一起面对家庭生活中的诸多艰难时刻。

如果家庭条件不允许，不能举行那些大动干戈的仪式，那么还可以选

择做其他有益的活动，例如睡觉前开一个小小的读书会，每天晚上都由一个人为其他人读书。这些书可以是自己喜欢的，也可以是他人喜欢的。如果在读书之后感慨很深，全家人还可以进行一个简短的交流，在周末的时候抽出固定的时间和孩子去郊外野餐，或者是在院子里开展各种各样的家庭比赛活动等。这些时刻尽管看起来平淡无奇，对于增强家庭的凝聚力却是极其有效的。

不要误以为只有在这些特别的时刻里投入大量的金钱，才能造就仪式感，实际上只要我们愿意投入时间，真心诚意地与对方在一起，这些时刻就会显得与众不同。对于全家人而言，最宝贵的家庭财富不是金钱，也不是物质，而是那些在一起度过的愉快难忘的时光。如果把家庭比喻成一棵大树，那么，对于过往快乐时光的宝贵回忆就是这棵树的根基。回忆越多，这棵树的根基也就扎得越深。对于单亲父母来说，只要能够把家庭凝聚在一起，与家庭成员之间毫无芥蒂地相处，真诚友善地敞开心扉，并且互相疗伤，那么这就是寻常日子中的特别时刻。

现实生活中，很多人整日都忙忙碌碌，他们似乎并没有太多的时间用来举行特别的仪式，也没有完全投入地参与这些特别的时刻。我们不应该把这些仪式或者是特别的时刻看得过于隆重，而要将其编织到日常的生活之中，这样才能让生活变得丰富多彩，也才能让我们便捷地与最爱的人一起庆祝特别的时刻。

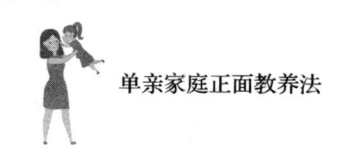

确保孩子接收到了爱的信息

每个父母都自称是世界上最爱孩子的人,然而在不知不觉之间,他们就陷入了日常生活的忙忙碌碌之中,每天忙着工作,忙着处理各种各样的事情,忙着倾听他人,忙着向他人表达自己的思想和观点,忙着把所有的家人都团聚在一起,增强家庭的凝聚力。实际上,在此过程中,他们恰恰忘记了花费时间向孩子传递爱的信息。虽然父母自己知道自己有多么爱孩子,但是孩子却从来没有接受到父母爱的信息,这使得孩子怀疑父母的爱,也会与父母之间产生隔阂和芥蒂。

很多孩子生活在单亲家庭中,面对着如同陀螺一样忙碌的爸爸或者是妈妈,他们因为被忽视,所以想方设法地吸引爸爸(妈妈)的注意。他们非常努力地向爸爸(妈妈)表达爱意,但是他们的爱却被爸爸(妈妈)在忙碌之余完全忽略了。

在家庭生活中,尤其是在单亲家庭生活中,传递爱的信息是非常重要的,这并不需要花费很多金钱,也不需要投入大量物质,只要有心,就可以用便捷的方式表达我们的爱。当然,当我们怀揣着真心,这份爱就会变得浓情蜜意。最重要的是,我们要让孩子感受到我们的真诚,我们要让孩子知道我们始终在爱着他们。

现代社会,网络发达使得人际交往越来越便捷,在智能手机和电脑普及的生活中,父母可以用各种现代化的方式与孩子保持联系,例如给孩子发一张电子贺卡,在微信上给孩子发一个充满爱意的表情,或者是在QQ上向孩子的生日表示祝贺,这些都能让孩子感到异常欣喜。

如果孩子还没有开始使用电脑或者是智能手机等电子产品,那么也有一种方式可以便利地表达爱，那就是给孩子写便条。上了一年级之后，孩子学会了拼音，还认识了很多字。对于低年级孩子来说，可以用拼音加汉字的方式给孩子写便条。对于高年级孩子来说，可以给孩子写一张纯文字的便条，再加上一个小小的图画，让孩子感受到快乐。这些都会让孩子在普通的日子里得到意外的惊喜。

此外，还可以给孩子送一些象征性的物品。很多物品看起来是平淡无奇的，当我们赋予它特殊的象征性，它就会蕴含着爸爸妈妈的爱，孩子得到这样的礼物就会特别欢喜。例如，妈妈可以把陪伴了自己很多年的一个毛绒玩具送给孩子，或者为孩子买一个拥有特殊含义的毛绒玩具，这样孩子就能够在情感上得到寄托。

当然，不管以怎样的方式表达爱，都不要忘记陪伴孩子。如果父母总是忙于工作，忽略了孩子的成长，那么就会错过孩子的成长。孩子的成长是一个不可逆的过程，而且孩子的成长时光转瞬即逝。这就意味着父母一旦错过了孩子的成长，就很难去弥补。正因为如此，人们才说陪伴是最长情的告白。父母要多多陪伴孩子，要与孩子分享自己的喜怒哀乐，也要了解孩子的欢乐和忧愁，这样才能与孩子的心更加贴近。

在把爱的信息传递给孩子的时候，父母还要确保孩子已经接收到了爱的信息。那么，在向孩子表达爱的时候，要以孩子喜欢和能够接受的方式，而不要一厢情愿地以自己的方式与孩子相处。虽然大多数父母都自诩为世界上最爱孩子的人，也相信孩子是爱自己的，但是在很多父母和孩子之间，爱并没有得到真正的流转，这是因为爱没有得以表达。

我们除了要用语言表达自己的爱之外，还要用恰到好处的方式传递爱，用实际行动让孩子知道我们真的很爱他们。例如，我们可以与孩子进行眼神的交流；我们可以拥抱着孩子，用手抚摸孩子的后背；我们可以陪伴孩子一整天，陪着孩子一起做孩子喜欢做的事情；我们也可以在需要的

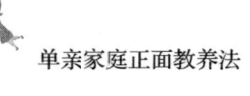

时候向孩子求助，让孩子感受到自己存在的价值和意义；我们还可以在外出的时候给孩子带一个很小的礼物，虽然礼物很小，但孩子得到的快乐却不会少，例如给孩子带一个棒棒糖，或者是一包口香糖等，这些都能够让孩子满心欢喜。

不可否认的是，在单亲家庭生活中，不管是父母还是孩子，都面临着很多困难。正是对彼此的爱与扶持，才让相依相伴着走过那些困难的时刻。很多困难并不是无法克服的，很多痛苦也并不会给我们以致命的打击，当我们表现出对孩子的爱，孩子就会给予我们积极的回应。爱就像生活中的蜜糖，虽然生活的基调是苦的，虽然生活十有八九不如意，但是因为有了爱的调味，生活的苦涩就显得不再那么难以忍受了。所以请慷慨地给予孩子爱，请确定孩子已经接收到了你爱的信息吧！

记忆是全家人的财富

　　一个爱孩子的父母不会总是在孩子面前表现出愁眉苦脸的样子，也不会总是肆无忌惮地打击孩子的自信心。在家庭生活中，欢笑是最好的良药，也是家庭生活最美味的调味剂。父母要坚持微笑着面对孩子，这样才能表达对孩子的爱意，才能让家庭生活的氛围幸福和睦。欢笑虽然只是一个很简单的面部表情动作，但是真正想要发自内心地保持微笑，其实是很难的。这要求父母必须具有幽默感，也要能够接纳生活现有的一切，还要认可生活给予的所有磨难，并且能够激发孩子的兴致，让孩子与我们一起真正地笑起来。当全家人都坚持微笑着面对对方，微笑着拥抱生活的时候，整个家庭就会发生让人惊讶的神奇变化。

　　幽默感并不是与生俱来的，甚至也不是那些幸福安逸的生活给予我们的。真正的幽默感来自我们的内心，使我们即使面对生活的磨难，也依然能够满怀希望，满怀热情。一个真正幽默的人将会认可并享受生活中所有的赐予，他们有一双善于发现的眼睛，能够发现生活中可笑的一面，他们总是愿意陪伴孩子一起欢笑，对于生活中一切令人惊喜的和惊吓的所有事情，他们都能勇敢面对。他们还会把这种快乐传染给他人，使整个家庭都氤氲着快乐。

　　对于同样的一个问题，如果我们以悲观的态度面对，那么我们就会消极沮丧；如果我们能够换一个角色，以积极乐观的心态去面对，我们就会快乐欢欣。虽然欢笑并不能解决所有问题，但是至少它能让问题变得可以面对，它能点燃了我们心中的希望，让我们的内心变得更加坚强。此外，欢笑还可以让我们拥有更多美好的回忆。

我们必须注意区分的是，欢笑可不是嘲笑。幽默是人类智慧的最高表现形式之一，嘲笑却是以伤害他人为代价来娱乐自己。所以在家庭生活中，我们要杜绝嘲笑，不要把自己的快乐建立在他人痛苦之上，而是要始终面带微笑，把快乐撒满家庭的每一个角落。

对于家，每个人都有不同的理解，有人说家是人生的港湾，有人说家是人永远的依靠，实际上家是每个人最愿意停留的地方，只有在家中感受到温暖和安全，我们才愿意停留在家中。因此，单亲家庭的父母要为孩子打造一个美好的、值得孩子留恋的家，这将会是送给孩子一生的礼物。

没有人愿意成为一名单亲的父母，但是当这一切已经变成了事实，我们只能勇敢地面对。不管家庭中是否缺少另一半，只要有你有孩子，家就是完整的家。我们面对着看似残缺的家，一定要鼓起勇气，和孩子一起在精神上强大起来，在情感上变得充盈起来，让家真正成为我们心里所期望的样子。我们必须坚信家会变得越来越美好，我们必须坚信家值得我们热情地投入和付出。

当然，为了打造幸福美好的家，我们也应该更加努力。虽然单亲家庭和正常的双亲家庭相比的确有很多劣势，但是这样的劣势并非不可弥补的。此外，单亲家庭也不像很多人所想的那样注定了忧愁悲苦。只要心中有阳光，我们的生活就会充满阳光；只要生活充满阳光，我们的每一天都会温暖和煦。我们也要以所有的光和热去照亮孩子的人生，坚持给予孩子正面管教，让孩子尽管出身于单亲家庭，却仍然能够身心健康，幸福快乐。只有做到这一点，我们才是合格且优秀的父母，我们才能真正培养出大写的人！

参考文献

[1]简·尼尔森，谢丽尔·欧文，卡罗尔·德尔泽尔.单亲家庭的正面管教[M].杨森，张从林，林展，译.北京：北京联合出版公司，2017.

[2]李国霜.开启单亲教育的密码[M].哈尔滨：黑龙江教育出版社，2011.

[3]钟淼淼.单亲不是残缺：单亲家庭自助手册[M].北京：石油工业出版社，2018.

[4]卡尔·皮卡哈特.单亲家庭教育指南[M].吴婷婷，译.北京：电子工业出版社，2011.